BEI GRIN MACHT SICH IHR
WISSEN BEZAHLT

Bibliografische Information der Deutschen Nationalbibliothek:

Die Deutsche Bibliothek verzeichnet diese Publikation in der Deutschen National-
bibliografie; detaillierte bibliografische Daten sind im Internet über http://dnb.d-
nb.de/ abrufbar.

Impressum:

Copyright © 2008 GRIN Verlag, Open Publishing GmbH
Druck und Bindung: Books on Demand GmbH, Norderstedt Germany
ISBN: 978-3-668-03443-3

Dieses Buch bei GRIN:

http://www.grin.com/de/e-book/305570/konzeption-und-evaluierung-einer-verteil-
ten-architektur-zur-passiven-rtt-messung

Fatih Abut

Konzeption und Evaluierung einer verteilten Architektur zur passiven RTT-Messung

GRIN Verlag

GRIN - Your knowledge has value

Der GRIN Verlag publiziert seit 1998 wissenschaftliche Arbeiten von Studenten, Hochschullehrern und anderen Akademikern als eBook und gedrucktes Buch. Die Verlagswebsite www.grin.com ist die ideale Plattform zur Veröffentlichung von Hausarbeiten, Abschlussarbeiten, wissenschaftlichen Aufsätzen, Dissertationen und Fachbüchern.

Besuchen Sie uns im Internet:

http://www.grin.com/

http://www.facebook.com/grincom

http://www.twitter.com/grin_com

Fachhochschule Bonn-Rhein-Sieg
University of Applied Science

Fachbereich Informatik

Konzeption und Evaluierung einer verteilten Architektur zur passiven RTT-Messung

Bachelorarbeit

von

Fatih Abut

Eingereicht am: 15.09.2008

Abstract

Die Round-Trip-Time (RTT) gibt die benötigte Zeit an, die eine Übertragung eines Datenpaketes vom Sender zum Empfänger zusammen mit dem Rücktransport der zugehörigen Antwort in Anspruch nimmt. Sie ist für die Internetqualität ein wichtiger Parameter und gewinnt immer mehr an Bedeutung. Die Telekom vermarktet dieses Leistungsmerkmal beispielsweise als Fast-Path-Option für DSL. Diese Arbeit beschreibt grundsätzlich das Konzept, die Realisierung und die Evaluation eines Systems, mit dem die Messung von RTT-Werten in Netzen ermöglicht wird. Dabei wird nicht nur der gesamte RTT-Wert einer Verbindung gemessen, sondern auch der Anteil der existierenden Verbindungsteilstrecken an diesem gesamten RTT-Wert, falls die Verbindung zwischen Sender und Empfänger über Zwischenstationen aufgebaut wird.

Inhaltsverzeichnis

Verzeichnis der Anhänge

Abbildungsverzeichnis

Tabellenverzeichnis

Abkürzungsverzeichnis

ASCII American Standard Code for Information Interchange

CPU Central Processing Unit

D-ITG Distributed Internet Traffic Generator

DSL Digital Subscriber Line

EBNF Extended Backus-Naur-Form

HTTP Hypertext Transfer Protocol

ICMP Internet Control Message Protocol

IP Internet Protocol

LAN Local Area Network

NDW Network Data Warehouse

RTT Round-Trip-Time

SLA Service Level Agreement

SQL Structured Query Language

SSH Secure Shell

TCP Transmission Control Protocol

1 Einleitung

1.1 Motivation und Zielsetzung der Arbeit

Neben den Parametern Bandbreite und Verfügbarkeit für die Internetqualität ist die Antwortzeit, RTT (Round Trip Time) eine entscheidende Größe. Der RTT-Wert gibt die Zeit an, die benötigt wird, um ein Datenpaket von einer Quelle über ein Netz zum Empfänger zu senden und die Antwort des Empfängers wiederum zurück zum Sender zu transportieren.

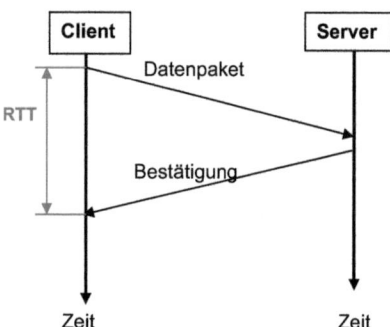

Abbildung 1.1: Round-Trip-Time

Die Gründe für die Messung von RTT-Werten sind vielfältig. Sie können z.B. dazu benutzt werden, sowohl die Dienstgüte eines Dienstes zu bestimmen als auch das Netzverhalten zu überwachen. Darüber hinaus ermöglichen sie die Überprüfung von Service Level Agreements. In dieser Arbeit geht es grundsätzlich darum, eine verteilte Messung zu realisieren, die es ermöglicht, RTT-Werte in großen Netzen zu erfassen. Dabei soll nicht nur der gesamte RTT-Wert der Verbindung gemessen werden. Auch die Verzögerungszeiten der einzelnen Teilstrecken sollen erfasst werden, wenn die Verbindung zwischen dem Client und Server über mehrere Zwischenstationen -die sogenannten Gateway Routern- aufgebaut wird. Die Idee dabei ist, die Ursache für die Verzögerung eines Paketes herauszufinden. Die Verzögerung eines Paketes kann verschiedene Ursachen haben. Sie kann beispielsweise durch das Netz der entsprechenden Provider verursacht werden. Ein anderes Szenario ergibt sich, falls die Verbindung über verschiedene Provider entlang aufgebaut wird. In diesem Fall kann ermittelt werden, welcher Provider die Kommunikation verzögert hat. Die Abbildung 1.3 auf der nächsten Seite stellt das beschriebene Szenario schematisch dar.

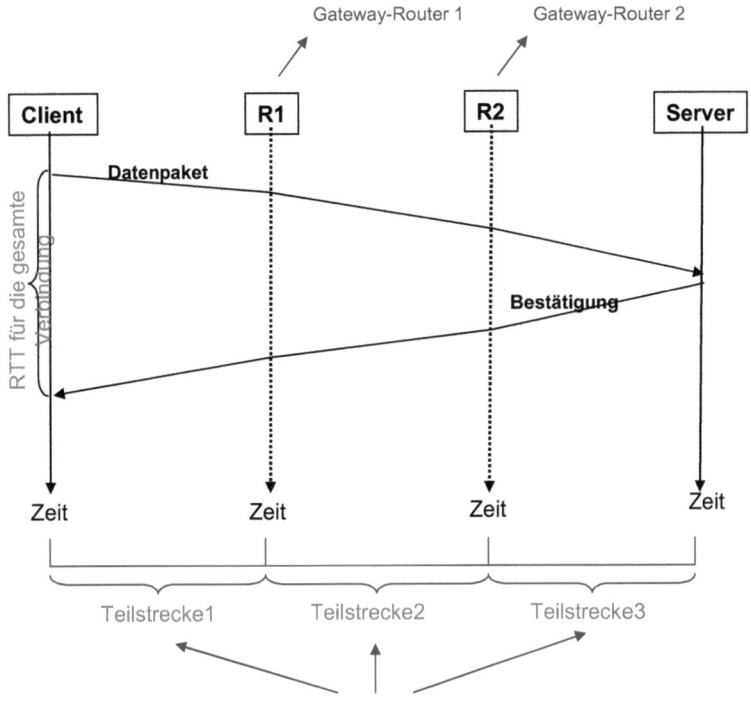

Abbildung 1.2: Beispielszenario zur verteilten RTT-Messung

Durch den Einsatz von Messsonden an jedem Gateway-Router lässt sich der gesamte RTT-Wert einer Verbindung sowie der Anteil der existierenden Teilstreckenverzögerungen an diesem gesamten RTT-Wert ermitteln. Die Berechnung der Verzögerungszeiten der einzelnen Teilstrecken erfolgt jedoch nicht im Rahmen dieser Bachelorarbeit. Die Zielsetzung dieser Arbeit besteht darin, die zu dieser Berechnung notwendigen Daten bereitzustellen. Die Berechnung der Teilstrecken wurde von einer anderen Forschungsgruppe übernommen. Anschließend ist das realisierte System zu evaluieren. Evaluation heißt in diesem Kontext, wie sich das realisierte System bezüglich des Ressourcenbedarfs bei wachsendem Netzverkehr verhält. Durch Tests in der Laborumgebung soll also festgestellt werden, ob das realisierte System skaliert.

1.2 Umfeld

Diese Arbeit wird im Umfeld des Fachbereichs Informatik der Fachhochschule Bonn-Rhein-Sieg durchgeführt. Der Fachbereich Informatik ist in verschiedene Schwerpunkte aufgeteilt. Diese Arbeit findet im Schwerpunkt Telekommunikation statt und wird in den Laboren C015 und C050 durchgeführt. Diese Labore befassen sich mit den Lehrgebieten "Netzwerksysteme und Telekommunikation" sowie "Hochleistungsnetze und Mobilkommunikation". Sie werden unter anderem für Praxisprojekte, Abschlussarbeiten und Forschungsprojekte genutzt.

1.3 Aufbau der Arbeit

Die Arbeit gliedert sich hauptsächlich in drei Hauptteile. Der erste Teil beschreibt die theoretischen Grundlagen zur passiven RTT-Messung. Zunächst werden die Begriffe „aktives bzw. passives Messen" eingeführt. Anschließend wird das zur RTT-Berechnung eingesetzte SYN/ACK-Verfahren sowie der Algorithmus der verteilten RTT-Berechnung erläutert. Das zweite Kapitel beschäftigt sich mit der Konzeption der verteilten Messarchitektur. In diesem Teil werden die einzelnen Bestandteile dieser Konzeption genauer beschrieben. Es wird dabei auch auf die Schwierigkeiten bzw. Probleme eingegangen, die sich bei der Implementierung ergaben. Als dritter Teil der Arbeit soll die beschriebene Konzeption konkret realisiert und anschließend bezüglich der Skalierbarkeit evaluiert werden.

2 Theoretische Grundlagen zur passiven RTT-Messung

2.1 Einführung in die aktiven und passiven RTT-Messmethoden

Die Methoden zur RTT-Bestimmung lassen sich in aktive und passive Messmethoden einteilen. Die aktiven Methoden generieren zusätzliche Testpakete, um daraus den RTT-Wert zu bestimmen. Ein bekannter Vertreter dieser Klasse ist das `ping` Kommando, das auf das Protokoll ICMP basiert. Es schickt ein Echo-Request-Paket an eine Zieladresse, die mit einem Echo-Reply-Paket antwortet. Aus der Differenz der Ankunftszeit des Echo-Reply-Paketes und der Zeit des versendeten Request-Paketes lässt sich die Laufzeit abschätzen. Doch das Problem hierbei besteht darin, dass das ICMP-Protokoll häufig aus Sicherheitsgründen deaktiviert ist. Außerdem führen die zusätzlichen Testpakete zu unerwünschter Zusatzlast des Netzes, die die Messungen verfälschen können.

Im Gegensatz dazu zeichnen die passiven Methoden den realen Verkehr auf und ermitteln daraus den RTT-Wert. Außerdem bieten sie den wichtigen Vorteil der flexiblen Platzierung des Monitors. Grundsätzlich lässt sich die Messung an einer beliebigen Stelle auf dem Weg zwischen den Endrechnern durchführen. Aus diesen Gründen werden häufiger passive Methoden entwickelt, die durch Analyse des Netzverkehrs an einem Beobachtungspunkt auf den RTT-Wert der gemessenen Verbindung schließen. Für die passive Messung von RTT-Werten bietet sich besonders das bekannte Protokoll TCP an, da eine Übertragung eines Datensegmentes vom Sender zum Empfänger den Rücktransport des zugehörigen Bestätigungssegmentes beansprucht. Die folgenden Kapiteln setzen das genaue Verständnis vom TCP-Protokoll voraus.

2.2 Erläuterung der SYN/ACK-Methode

Es existieren verschiedene Methoden, mit deren Hilfe RTT-Werte von TCP-Verbindungen berechnet werden können. Die Slow-Start-Methode beispielsweise misst den RTT-Wert anhand des Slow-Start-Algorithmus, während kontinuierliche Messmethoden die Messung über den gesamten Zeitraum einer Verbindung vornehmen [Crngarov'07]. In dieser Arbeit wird zur passiven RTT-Messung die sogenannte SYN/ACK-Methode verwendet, die den RTT-Wert beim Aufbau einer TCP-Verbindung ermittelt. Diese Methode ist im Gegensatz zu anderen zwei Messmethoden leichter zu implementieren. Die Abbildung 2.1 stellt diese drei Messmethoden graphisch dar:

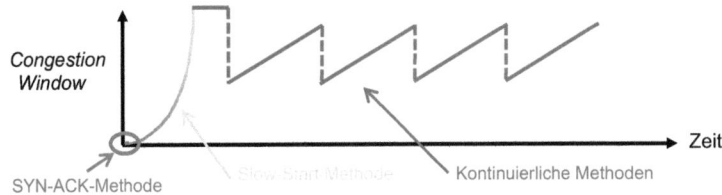

Abbildung 2.1: Die verschiedenen Methoden zur passiven RTT-Messung

Der Aufbau einer TCP-Verbindung besteht aus einer Abfolge von drei Segmenten (SYN-, SYN/ACK- und ACK-Segment) und wird daher als Three-Way-Handshake bezeichnet. Die Abbildung 2.2 stellt dar, wie die SYN/ACK-Methode den RTT-Wert mithilfe dieses Three-Way-Handshakes ermittelt:

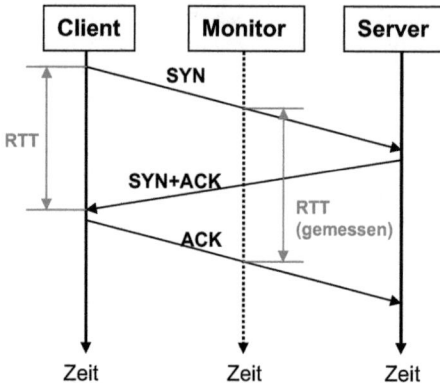

Abbildung 2.2: Prinzip der SYN / ACK – Methode

Der Monitor schließt durch die Beobachtung von drei direkt aufeinander-folgenden TCP-Segmenten beim Verbindungsaufbau auf die RTT-Zeit. Dabei wird sowohl die Ankunftszeit des initialen SYN-Segments (active open) als auch die Zeit des auf das SYN/ACK-Segment (passive open) folgende ACK-Segments aufgezeichnet. Anschließend kann die RTT-Zeit durch Differenzbildung der aufgezeichneten Zeitwerte ermittelt werden. Vorraussetzungen für diese Messung ist, dass keines der drei Segmente verloren geht und die Segmente weder vom Client noch vom Server verzögert gesendet werden [Jiang'02, S. 77].

Die Schwierigkeit bei der Implementierung dieser Methode besteht darin, die Three-Way-Handshake-Segmente einer Verbindung aus dem Netzverkehr herauszufiltern. Die Erkennung der ersten beiden Segmente des Three-Way-Handshakes (active open und passive open) erfolgt wegen SYN bzw. SYN/ACK Flag problemlos. Das ACK-Segment ist jedoch anhand von Flags nicht identifizierbar, da es im Netzverkehr Segmente gibt, bei denen der ACK-Flag gesetzt ist, diese aber nicht zum Three-Way-Handshake gehören, z.B. die Bestätigungen von Datensegmenten. Auf diese Problematik und deren Lösung wird im Kapitel 3 näher eingegangen.

Anhand der SYN/ACK-Methode lässt sich zwar der RTT-Wert für die gesamte Verbindung ermitteln, sie reicht jedoch alleine nicht, Verzögerungszeiten der einzelnen Teilstrecken einer Verbindung zu berechnen. Deswegen bedarf es einer weiteren Überlegung, die diese Zielsetzung erfüllt. Sie wird im nächsten Kapitel beschrieben.

2.3 Algorithmus der verteilten RTT-Messung

Die Platzierung der Messsonden an jedem Gateway Router ermöglicht innerhalb einer Netzumgebung die Berechnung der Teilstrecken-RTTs einer Verbindung. Die Abbildung 3 stellt das Prinzip der verteilten Messung durch den Einsatz von Messsonden an zwei Gateway-Routern dar. Es wird im Folgenden davon ausgegangen, dass die erste Sonde Alpha und die zweite Sonde Beta heißt. Es entstehen insgesamt drei zu messenden Teilstrecken (auch Segmente genannt), nämlich die erste Teilstrecke zwischen Client und der Sonde Alpha, die zweite Teilstrecke zwischen den Sonden Alpha und Beta und schließlich die dritte Teilstrecke zwischen der Sonde Beta und Server.

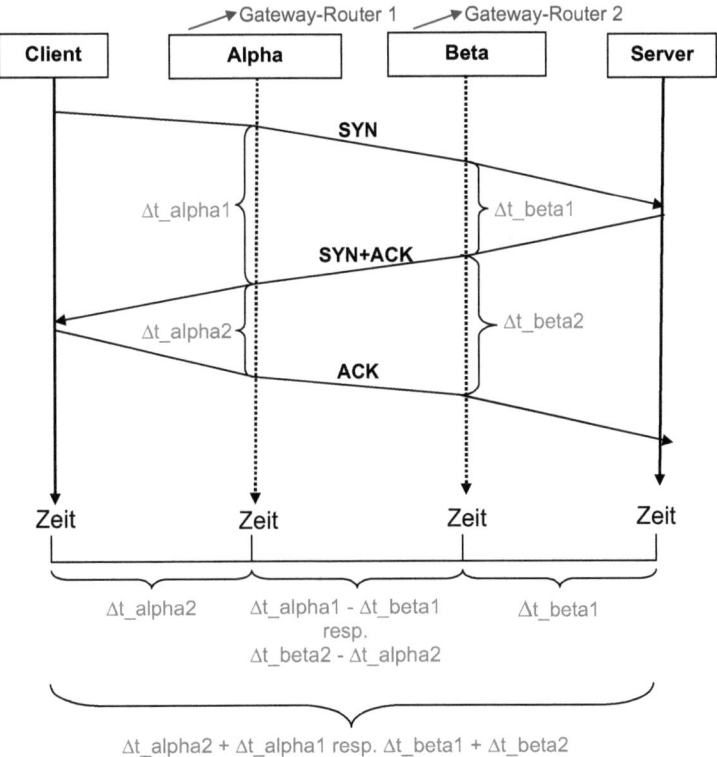

Abbildung 2.3: Prinzip der verteilten RTT-Messung

Zur RTT-Berechnung der ersten Teilstrecke wird auf der Sonde Alpha sowohl die Ankunftszeit des SYN/ACK-Segments als auch die Ankunftszeit des ACK-Segments gemessen. Anschließend kann der RTT-Wert für diese Teilstrecke mittels einfacher Differenzbildung dieser beiden Zeitwerte ermittelt werden. Dieser Wert wird in der Abbildung als Δt_alpha2 bezeichnet. Im Gegensatz dazu werden zur RTT-Berechung der dritten Teilstrecke die Ankunftszeit des SYN- und SYN/ACK-Segments benötigt. Auch hier wird der RTT-Wert durch Differenzbildung der beiden Zeitwerte bestimmt. Er wird in der Abbildung durch Δt_beta1 repräsentiert.

Die Berechnung des RTT-Wertes der mittleren Teilstrecke kann auf zwei verschiede Weisen erfolgen. Hierfür kann einerseits die Differenz $\Delta t\_alpha1 - \Delta t\_beta1$, andererseits die Differenz $\Delta t\_beta2 - \Delta t\_alpha2$ benutzt werden. Im ersten Fall gehen in die Berechnung die Ankunftszeiten des SYN- und SYN/ACK-Segments ein, im zweiten Fall die Ankunftszeiten des SYN/ACK- und ACK-Segments. In dem vorliegenden Prototyp wurde die erste Berechnungs-vorschrift verwendet.

Die gesamte Strecke, also die Strecke zwischen Client und Server, kann wiederum durch die Addition von Δt_alpha1 und Δt_alpha2 bzw. Δt_beta1 und Δt_beta2 berechnet werden.

Es ist offensichtlich, dass für die RTT-Berechnung keine Zeitsynchronisation notwendig ist. Zur Ermittlung eines RTT-Wertes wird lediglich benötigt, wann ein Segment geschickt wurde und zu welchem Zeitpunkt die entsprechende Antwort wieder am Sender ankommt.

3 Konzeption der verteilten Messarchitektur

3.1 Architekturübersicht

Im Zuge des Projektes der passiven RTT-Messung wurde bereits eine Architektur konzipiert, die es ermöglicht, pro aufgebaute TCP-Verbindung einen RTT-Wert zu berechnen, der nur die gesamte Verzögerung dieser Verbindung präsentierte [Neth'07 a]. Das Konzept dieser Architektur wurde im Rahmen dieser Arbeit so weiterentwickelt, dass es durch eine verteilte Messung möglich ist, auch Messwerte für die einzelnen Teilstrecken einer TCP-Verbindung zu ermitteln. Wie es in der Abbildung 3.1 zu sehen ist, lässt sich das erweiterte Konzept zur verteilten Messarchitektur in drei Teile gliedern. Der erste Teil beschäftigt sich mit der Erfassung der Three-Way-Handshake-Segmente, die zur Berechnung der RTT-Werte notwendig sind. Für die Aufzeichnung dieser Segmente ist das `capture`-Programm zuständig, das im Folgenden auch als Messsonde bezeichnet wird. Für jede Netzkomponente, auf der diese Messsonde läuft, wurde ebenfalls eine eigene Datenbank angelegt. Sie ist in der Abbildung als SondenDB bezeichnet. Zeichnet die Messsonde ein solches Segment auf, sendet sie es zur Weiterverarbeitung an diese lokale SondenDB.

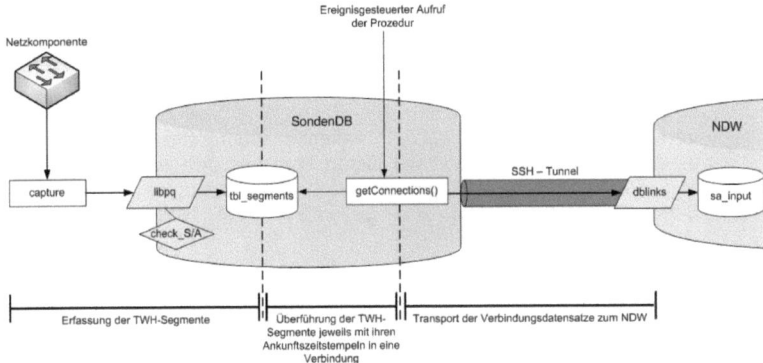

Abbildung 3.1: Das Konzept der verteilten Messarchitektur

Die Struktur der SondenDB ist einfach aufgebaut. Sie enthält eine einzige Tabelle, die `tbl_segments` heißt. Aufgezeichnete Daten der Messsonde werden in dieser Tabelle gespeichert. Außerdem ist mit dieser Tabelle ein Trigger verknüpft, der nach jeder Einfügeoperation in diese Tabelle die Triggerfunktion `check_count_segments()` aufruft. Diese Triggerfunktion hat die Aufgabe, bei jedem Aufruf den von ihm verwalteten Zähler um eins zu erhöhen und anschließend zu überprüfen, ob er den ausgewählten Wert 500 erreicht hat. Diese Zahl wurde aus den Messungen ermittelt und erwies sich als ein günstiger Wert. Wird also der Wert 500 erreicht, so ruft diese Funktion die Prozedur getConnections() auf.

Die Prozedur getConnections() bildet den zweiten Teil der konzipierten verteilten Architektur. Sie überführt nämlich die in der Tabelle tbl_segments gespeicherten Three-Way-Handshake-Segmente jeweils mit ihren Ankunftszeitstempeln in eine einzige Verbindung. Dazu sucht sie für jedes gefundene SYN-Segment das dazu passende SYN/ACK- und ACK-Segment aus. Nach der erfolgreichen Zuordnung und Überführung in eine Verbindung generiert diese Prozedur eine „INSERT"-Anweisung, die diesen Verbindungsdatensatz zum Network Data Warehouse (NDW) in die Tabelle sa_input transportiert. Das NDW ist die zentrale Datenbank, in der alle Daten aufgesammelt werden, die zur Berechnung der Verzögerungszeiten der Verbindungsteilstrecken notwendig sind. Das NDW wird von allen verfügbaren SondenDBs im realisierten System befüllt. In dieser Datenbank ist der Algorithmus zur verteilten RTT-Messung implementiert, der bereits im Kapitel 2.3 erläutert wurde.

Im dritten Teil der konzipierten verteilten Architektur geht es um den Transport der erkannten Verbindungsdatensätze. Dazu baut die SondenDB eine Verbindung zum NDW auf und transportiert sie über diese hergestellte Verbindung und baut sie anschließend wieder ab. Für den Aufbau der Verbindung, den Transport der Daten und den Abbau der Verbindung benutzt die SondenDB die PostgreSQL-Erweiterung Database Links (dblinks). Database Links sind modular aufgebaut. Sie stellen eine Mehrzahl von Funktionen zur Verfügung, die es ermöglichen, datenbankübergreifende SQL-Anweisungen auszuführen. Der Transport der Daten zwischen den verfügbaren SondenDBs und NDW erfolgt verschlüsselt über den erzeugten SSH-Tunnel. Jede SondenDB authentifiziert sich gegenüber dem NDW mittels Public Key Verfahren.

Wurden die erkannten Verbindungsdatensätze zum NDW transportiert, so erfolgt die Berechnung der einzelnen Verbindungsteilstrecken. Anschließend werden diese Ergebnisse in bestimmten Zeitintervallen graphisch visualisiert. In den folgenden Kapiteln werden die einzelnen Bestandteile der konzipierten verteilten Architektur genauer beschrieben.

3.2 Messsonde capture.c und die Bibliothek read.h

3.2.1 Zweck der Sonde

Aufgabe dieser Messsonde ist es, alle TCP-Segmente für den Verbindungs-aufbau aufzuzeichnen. Hierfür überwacht sie permanent den Netzverkehr auf einer angegebenen Schnittstelle und hinterlegt bestimmte Headerfelder der aufgezeichneten Pakete und Segmente jeweils mit ihren Ankunftszeitstempeln in der Datenbank SondenDB. Diese Headerfelder sind in der nachfolgenden Tabelle beschrieben:

Spalte	Datentyp	Erklärung
pc_time	timestamp with time zone	Zeit der Aufzeichnung des kompletten Paketes
src_ip	inet	Quell-IP-Adresse
src_port	integer	Quell-Port
dst_ip	inet	Ziel-IP-Adresse
dst_port	integer	Ziel-Port
seq_no	bigint	Sequenznummer des aufgezeichneten Segments
ack_no	bigint	Bestätigungsnummer des aufgezeichneten Segments
fsyn	boolean	SYN-Flag (1: gesetzt, 0: nicht gesetzt)
fack	boolean	ACK-Flag (1: gesetzt, 0: nicht gesetzt)
probe_desc	character varying(10)	Die eindeutige Bezeichnung der Sonde. Damit wird identifiziert, von welcher Messsonde ein Segment aufgezeichnet wurde.

Tabelle 3.1: Die von der Messsonde transportierten Headerfelder

Bevor das capture-Programm genutzt werden kann, ist eine Installation der Datenbanksoftware sowie eine Vorkonfiguration notwendig. Als Datenbanksoftware kommt hier PostgreSQL zum Einsatz. Zur Anbindung an diese PostgreSQL-DB benutzt die Messsonde die libpq-Bibliothek. Für jedes aufgezeichnete Frame erzeugt sie ein SQL „INSERT", das die entsprechenden Headerfelder in diese vorkonfigurierte Datenbank schreibt.

Die Three-Way-Handshake-Segmente haben spezielle Flags und beinhalten keine Nutzdaten. Um genau diese Segmente aufzuzeichnen, startet das capture-Programm mit einem im Quellcode festkompilierten Filterausdruck. Dieser Filterausdruck bewirkt, dass aus dem Netzverkehr nur die Segmente aufgezeichnet werden, bei denen das SYN- oder SYN/ACK- oder ACK-Flag gesetzt ist. Die Unterscheidung, ob so ein Segment Nutzdaten enthält oder nicht, ist mit einem Filterausdruck nicht realisierbar. Deswegen wird diese Überprüfung vom capture-Programm selbst vorgenommen. Sie lässt sich in drei Schritten zusammenfassen:

1 Größe des IP-Paket-Headers bestimmen

Die Headergröße eines IP-Paketes ist variabel. Um dessen Größe zu ermitteln, wird das Feld `ihl` benötigt. In diesem Feld wird die Header-Größe in 32-Bit-Blöcken angegeben. Steht hier also eine 5, so ist der Kopfdatenbereich 5 mal 32 Bit gleich 160 Bit oder 20 Byte lang, was auch die Minimalgröße für den IP-Kopfdatenbereich ist.

2 Größe des TCP-Segment-Headers bestimmen

Analog zum ersten Schritt lässt sich die Größe des TCP-Headers anhand des Feldes `Data Offset` berechnen. Auch dieses Feld enthält die Größe des TCP-Headers in 32-Bit-Blöcken.

3 Größe der Nutzdaten (IP-Payload) bestimmen

Im letzten Schritt wird die im Schritt 1 ermittelte Größe des IP-Paket-Headers mit der im Schritt 2 ermittelten Größe des TCP-Segment-Headers addiert. Anschließend wird das daraus resultierende Ergebnis vom IP-Feld `Total Length` abgezogen. `Total Length` gibt die Gesamtgröße des IP-Paketes einschließlich Nutzdaten an. Ergibt sich aus der Differenz 0, so beinhaltet das Segment keine Nutzdaten und dient somit zu Steuerungszwecken in TCP-Verbindungen. Anderenfalls (Differenz > 0) ist es ein Datensegment und wird nicht zur Datenbank transportiert.

Abbildung 3.2 stellt die programmiertechnische Umsetzung dieser Vorgehensweise in 6 Schritten dar:

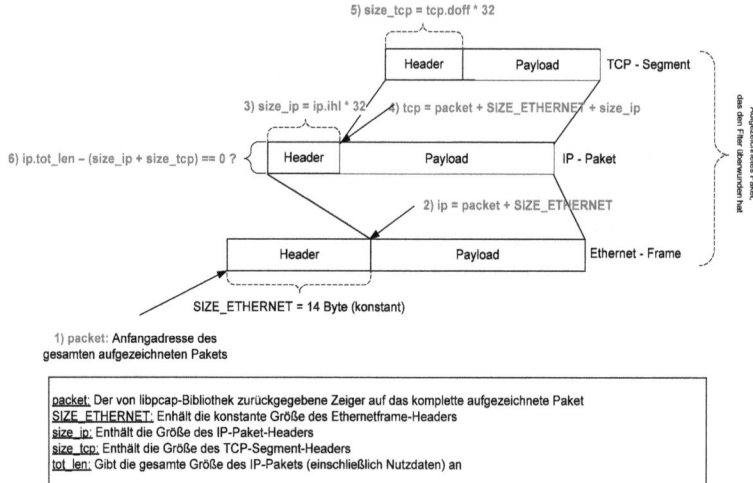

Abbildung 3.2: Unterscheidung zwischen Steuerungs- und Datensegment

11

Wie es bereits in Kapitel 2.2 erwähnt wurde, lässt sich das letzte ACK-Segment anhand von seinem Flag aus dem Netzverkehr nicht eindeutig herauszufiltern. Deswegen werden die nicht benötigten ACK-Segmente ebenfalls in die vorkonfigurierte SondenDB gesendet. Die Behandlung dieser Segmente erfolgt in dieser Datenbank.

Die andere Schwierigkeit der Sonde ergab sich dadurch, dass der mithilfe der libpcap-Bibliothek gewonnene Zeitstempel (pc_time) im Unix Zeitformat vorliegt. Dieses Format gibt die seit dem 1. Januar 1970 00:00:00 GMT vergangenen Sekunden an [Neth 2007 a]. D.h. es soll eine Umwandlung in eine normale Zeitangabe stattfinden. Diese Umwandlung erfolgte mit der Funktion strftime. Sie formatiert eine Unix-Zeit in die angegebene Zeitzone um.

Das capture-Programm benötigt bei der Ausführung root-Rechte, da es auf die Netzwerkschnittstelle zugreifen muss.

3.2.2 Einlesen der Konfigurationen aus der Konfigurationsdatei

Das capture-Programm lässt das Anpassen der überwachten Ports sowie die Einstellungen zur Datenbank durch eine Konfigurationsdatei zu. Für das Einlesen der Konfigurationen aus der Konfigurationsdatei ist die Bibliothek read.h zuständig. Alle notwendigen Einstellungen erfolgen in dieser Konfigurationsdatei. So beschränkt sich der Programmaufruf auf:

./capture ConfigFile

Die Syntax eines Eintrages in die Konfigurationsdatei wird im Folgenden durch die erweiterte Backus-Naur Form (EBNF) beschrieben. Die Terminalsymbole sind durch unterstrichenen Fettdruck gekennzeichnet und sind wörtlich zu übernehmen. Die Nichtterminalsymbole sind in spitzen Klammern eingeschlossen und lassen sich weiter aufgliedern. Geschweifte Klammern stehen für eine beliebige Wiederholung des Inhalts, während runde Klammern lediglich der Gruppierung dienen [Vossen'04, S. 224].

Seien Σ und N zwei Alphabete (Terminalalphabet und Nichtterminalalphabet), S das Startsymbol und P die Produktion. Dann stellt die folgende Grammatik G mit

Σ = { 0, 1, … , 9, a, … , z, A, …, Z, Leerzeichen, Tabulator,CR, ., :, /, \, |, _, -, @, ?, &, %, $, !, ~}

N = { Eintrag, Schlüsselwort, Zuweisung, Freiraum, Buchstabe, Ziffer, Sonderzeichen, Zeichen, Kommentar, EinzeiligerKommentar, MehrzeiligerKommentar, AlleZeichen, AlleZeichenOhneCR }

S = <Eintrag>

P = {

<Eintrag> ::= (<Schlüsselwort> **=** <Zuweisung> **;**) | <Kommentar>

<Schlüsselwort> ::= {<Freiraum>} (**host** | **port** | **dbname** | **username** | **password** | **tblname** | **probe_desc** | **device** | **port_to_capture**) {<Freiraum>}

<Zuweisung> ::= {<Freiraum>} ((<Zeichen> {<Zeichen>}) | (**„** {**Leerzeichen**} <Zeichen> {<Zeichen> | **Leerzeichen**} **"**)) {<Freiraum>}

<Freiraum> ::= **Leerzeichen** | **Tabulator**

<Zeichen> ::= <Buchstabe> | <Ziffer> | <Sonderzeichen>

<Buchstabe> ::= **a** | ... | **z** | **A** | ... | **Z**

<Ziffer> ::= **0** | **1** | **2** | **3** | **4** | **5** | **6** | **7** | **8** | **9**

<Sonderzeichen> ::= **@** | **?** | **&** | **%** | **$** | **!** | **~** | **.** | **:** | **/** | **** | **|** | **_** | **-**

<Kommentar> ::= <EinzeiligerKommentar> | <MehrzeiligerKommentar>

<EinzeiligerKommentar> ::= **//** { <AlleZeichenOhneCR> }

<MehrzeiligerKommentar> ::= **/*** {<AlleZeichen>} ***/**

<AlleZeichenOhneCR> ::= Alle sichtbaren Zeichen ohne Carriage Return

<AlleZeichen> ::= <AlleZeichenOhneCR> | **CR**
}

die Syntax eines Eintrages dar. Im Anhang dieser Arbeit ist die gleiche Syntaxbeschreibung auch als Syntaxdiagramm zu finden.

Die erlaubten Schlüsselwörter und deren Bedeutungen sind unten aufgeführt:

Schlüsselwort	Bedeutung
dbname	Name der Datenbank, in die die Daten geschrieben werden sollen
username	Benutzername, mit dem die Verbindung zur Datenbank hergestellt werden soll
password	Das entsprechende Passwort zum Benutzernamen (Das Passwort wird in Klartext gespeichert!)
host	Name oder IP-Adresse des Datenbankservers für

	die Pufferung der aufgezeichneten Pakete/Segmente
port	Port der Datenbankanwendung (PostgreSQL: 5432)
probe_desc	Eindeutige Bezeichnung der Sonde (Damit können die von der Sonde aufgezeichneten Pakete/Segmente durch diese Bezeichnung identifiziert werden!)
tblname	Name der Tabelle, in die die Daten geschrieben werden sollen
device	Die Schnittstelle, von der die Pakete aufgezeichnet werden sollen (z.B. eth0, dsl0, ...)
port_to_capture	Mit diesem Schlüsselwort lässt sich der im Quellcode festkompilierte Filterausdruck optional erweitern. Damit werden beliebige Port-Nummern angegeben, die das capture-Programm überwachen soll. Wird es nicht angegeben, so werden alle Ports überwacht!

Tabelle 3.2: Die Schlüsselwörter der Konfigurationsdatei

Weiterhin sind bei der Konfiguration der Sonde über die Konfigurationsdatei folgende Punkte zu beachten, die mit EBNF nicht darstellbar sind:

- Die Einstellungen sind zeilenorientiert. D.h. pro Zeile ist nur eine Einstellung möglich. Werden innerhalb einer Zeile weitere Einstellungen angegeben, so werden diese ignoriert und read.h macht mit der nächsten Zeile weiter.
- Die maximale Zeichenanzahl pro Zeile beträgt 255. Wird diese maximale Zeichenanzahl überschritten, so wird das Programm mit entsprechender Fehlermeldung beendet.
- Duplikate von Schlüsselwörtern sind nicht erlaubt.

3.3 Datenbankverarbeitung

3.3.1 Die getConnections()-Prozedur zur Verbindungserkennung

Die getConnections()-Prozedur überführt die einzelnen Segmente des TCP-Verbindungaufbaus jeweils mit ihren erfassten Ankunftszeitstempeln in eine einzige Verbindung. Die Prozedur generiert anschließend eine INSERT-Anweisung, die diesen erkannten Verbindungsdatensatz zur Weiterverarbeitung in das NDW schickt. Somit wird aus den drei Zeilen in der Tabelle tbl_segments eine Zeile in der Tabelle sa_input im NDW. Die Abbildung 3.3 stellt die Aufgabe dieser Prozedur graphisch dar.

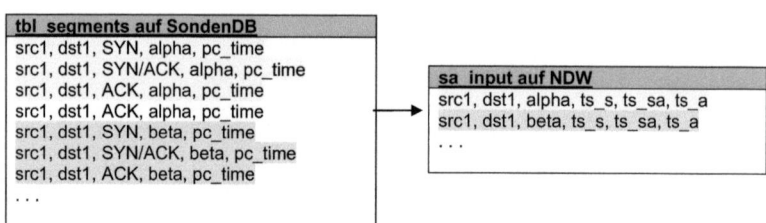

Abbildung 3.3: Aufgabe der getConnections()-Prozedur

Zur Verbindungserkennung sucht die Prozedur für jedes SYN-Segment aus der Tabelle tbl_segments das passende SYN/ACK- und ACK-Segment aus. Die wesentliche Fragestellung hierfür ist, wie aus dem gesamten Datenbestand einzelne Verbindungen erkannt werden können. Anhand von Quell-/Ziel-IP kombiniert mit Quell-/Ziel-Port lassen sich grundsätzlich TCP-Verbindungen identifizieren. Da aber mehrere ACK-Segmente pro Verbindung gespeichert werden, müssen noch zur Ermittlung des ACK-Segments des Three-Way-Handshakes zusätzlich die Sequenz- und Bestätigungsnummer einbezogen werden. Darüber hinaus werden dieselben TWH-Segmente für den TCP-Verbindungsaufbau in einer verteilten Umgebung von jeder Messsonde aufgezeichnet. Deswegen muss für die Zuordnung dieser drei Segmente zu einer Verbindung auch die entsprechende Bezeichnung der Messsonde berücksichtigt werden, die diese Segmente aufgezeichnet hat. Dazu wurde die Variable probe_desc eingeführt, die die eindeutige Bezeichnung einer Sonde enthält.

Damit das entsprechende SYN/ACK-Segment zum SYN-Segment zugeordnet werden kann, müssen die folgenden Bedingungen erfüllt werden:

a) Die Quell-IP-Adresse des SYN/ACK-Segments entspricht der Ziel-IP-Adresse des SYN-Segments
b) Der Quell-Port des SYN/ACK-Segments entspricht dem Ziel-Port des SYN-Segments
c) Die Ziel-IP-Adresse des SYN/ACK-Segments entspricht der Quell-IP-Adresse des SYN-Segments
d) Der Ziel-Port des SYN/ACK-Segments entspricht dem Quell-Port des SYN-Segments
e) Der Datensatz entspricht einem SYN/ACK-Segment (fsyn = TRUE AND fack = FALSE)
f) Die Bestätigungsnummer des SYN/ACK-Segments entspricht der Sequenznummer des SYN-Segments +1
g) Das SYN/ACK-Segment wurde von derselben Sonde wie beim SYN-Segment aufgezeichnet

15

Die Bedingungen a) bis d) (Socketpaar) identifizieren die TCP-Verbindung. Durch die Bedingungen e) und f) wird das auf das SYN-Segment folgende SYN/ACK-Segment dieser Verbindung ermittelt. Die letzte Bedingung g) stellt sicher, dass das SYN/ACK-Segment von der gleichen Sonde aufgezeichnet wurde, die auch das SYN-Segment aufgezeichnet hat.

Analog dazu lässt sich das entsprechende ACK-Segment zum SYN/ACK-Segment wie folgt zuordnen:

a) Die Quell-IP-Adresse des ACK-Segments entspricht der Ziel-IP-Adresse des SYN/ACK-Segments
b) Der Quell-Port des ACK-Segments entspricht dem Ziel-Port des SYN/ACK-Segments
c) Die Ziel-IP-Adresse des ACK-Segments entspricht der Quell-IP-Adresse des SYN/ACK-Segments
d) Der Ziel-Port des ACK-Segments entspricht dem Quell-Port des SYN/ACK-Segments
e) Der Datensatz entspricht einem ACK-Segment (fsyn = FALSE AND fack = TRUE)
f) Die Sequenznummer des ACK-Segments entspricht der Bestätigungsnummer des SYN/ACK-Segments
g) Die Bestätigungsnummer des ACK-Segments entspricht der Sequenznummer des SYN/ACK-Segments + 1.
h) Das ACK-Segment wurde von derselben Sonde wie beim SYN/ACK-Segment aufgezeichnet

Auch hier identifizieren die Bedingungen a) bis d) die TCP-Verbindung. Die Bedingungen e) bis g) ordnen das passende ACK-Segment zum SYN/ACK-Segment zu. Anschließend stellt die Bedingung h) sicher, dass das ACK-Segment von derselben Sonde aufgezeichnet wurde, die auch das SYN/ACK-Segment aufgezeichnet hat.

Die getConnections()-Prozedur schreibt zum NDW pro TCP-Verbindung und pro Messsonde genau einen Verbindungsdatensatz. Wird z.B. eine TCP-Verbindung über 2 Messsonden aufgebaut, so transportiert sie genau 2 Verbindungsdatensätze. Für jeden erkannten Verbindungsdatensatz sendet diese Prozedur zum NDW folgende Informationen:

Spalte	Datentyp	Erklärung
isn_src	bigint	Sequenznummer des aufgezeichneten SYN-Segments
isn_dst	bigint	Sequenznummer des aufgezeichneten SYN/ACK-Segments

addr_src	inet	Quell-IP-Adresse
port_src	integer	Quellport
addr_dst	inet	Ziel-IP-Adresse
port_dst	integer	Zielport
probe	character varying(10)	Eindeutige Bezeichnung der Sonde
t_s	timestamp with time zone	Ankunftszeit des SYN-Segments
t_sa	timestamp with time zone	Ankunftszeit des SYN/ACK-Segments
t_a	timestamp with time zone	Ankunftszeit des ACK-Segments

Tabelle 3.3: Die Schnittstelle zum NDW

Durch die Sequenznummer des SYN- und SYN/ACK-Segments lassen sich die pro Messsonde und pro TCP-Verbindung transportierten Verbindungs-datensätze im NDW zueinander zuordnen.

Nach dem Transport eines erkannten Verbindungsdatensatzes zum NDW werden die Three-Way-Handshake-Segmente dieser Verbindung aus der Tabelle tbl_segments entfernt. Dieser Prozess wiederholt sich, bis alle SYN-Segmente in dieser Tabelle abgearbeitet wurden. Nach der Ausführung der Prozedur bleiben als Datenbestand 3 Arten von Segmenten übrig:

- Segmente noch nicht fertig aufgebauter Verbindungen
- Nicht benötigte ACK-Segmente (z.B. Datenbestätigungen)
- Fehlerhafte Segmente bzw. Segmente abgebrochener Verbindungen

Sowohl die nicht benötigten ACK-Segmente als auch die fehlerhaften Segmente bzw. Segmente abgebrochener Verbindungen können bedenkenlos gelöscht werden. Im Gegensatz dazu sind jedoch die noch nicht fertig aufgebauten Verbindungen für die RTT-Messung noch relevant. Deswegen muss sichergestellt werden, dass solche Segmente nicht irrtümlich gelöscht werden. Dies wird erreicht, indem nur die Segmente gelöscht werden, deren Zeitstempel mindestens den Timeout einer TCP-Verbindung überschritten haben. Der Timeout einer TCP-Verbindung wurde in der Prozedur als 2 Minuten gewählt.

3.3.2 Transport der Daten zum NDW

Für den Transport der erkannten Verbindungsdatensätze zum NDW bieten sich grundsätzlich zwei verschiedene Varianten an:
1) Datengesteuerter Transport der Daten mit wiederholtem Verbindungsaufbau
2) Zeitgesteuerter Transport der Daten

a. Mit wiederholtem Verbindungsaufbau
b. Über eine permanente Verbindung

Bei der Auswahl dieser Varianten lautet die Anforderung, die sich an den Transport dieser erkannten Verbindungsdatensätze stellt, sie zum NDW so schnell wie möglich zu transportieren. Denn nach der Berechnung der TeilstreckenRTTs aus diesen transportierten Verbindungsdatensätzen werden diese ermittelten Messwerte graphisch visualisiert. Für die Visualisierung ist es wichtig, dass sie möglichst den aktuellen Stand der Messungen wiedergibt. Damit die Visualisierung der Messungen möglichst auf aktuellem Stand bleiben kann, müssen die zu dieser Visualisierung benötigten Daten von SondenDB entsprechend möglichst schnell zum NDW transportiert werden.

Sowohl der datengesteuerte als auch der zeitgesteuerte Transport der Daten mit wiederholtem Verbindungsaufbau verursachen, dass eine Verbindung zum NDW vor jeder Datenübertragung aufgebaut und anschließend wieder abgebaut werden muss. Die Umsetzung dieser beiden Varianten erfolgt so, indem sie lediglich die getConnections()-Prozedur aufrufen. Der eigentliche Verbindungsaufbau zum NDW, der Transport der Daten und anschließend der Verbindungsabbau erfolgt in dieser aufgerufenen Prozedur selbst. Dazu benutzt sie die PostgreSQL-Erweiterung dblinks, die modulare Funktionen zu diesen Zwecken bereitstellt [PostgreSQL'08 a]. In der Prozedur kommen aus dieser Erweiterung drei Funktionen zum Einsatz:

dblink_connect(connname, connstr): Stellt eine Verbindung zu einer entfernten PostgreSQL-Datenbank her. Die hergestellte Verbindung bleibt so lange bestehen, bis sie explizit geschlossen oder die Datenbank-Sitzung beendet wird.

dblink_exec(connname, sql): Über diese Funktion lassen sich über die bereits hergestellte Verbindung SQL-Befehle an die entfernte Datenbank senden.

dblink_disconnect(connname): Baut eine hergestellte Verbindung wieder ab.

Der Ablauf der Varianten 1 und 2a ist in der Abbildung 3.4 dargestellt.

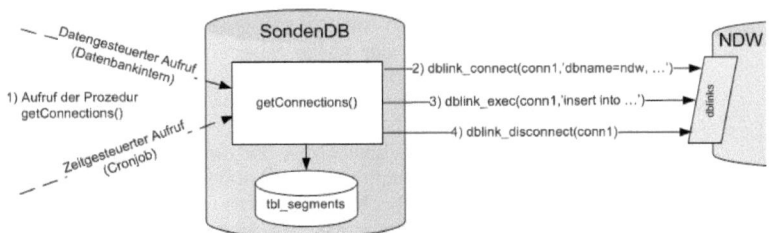

Abbildung 3.4: Datengesteuerter bzw. zeitgesteuerter Transport mit wiederholtem Verbindungsaufbau

1) Der erste Schritt besteht darin, die getConnections()-Prozedur aufzurufen. Der Aufruf dieser Prozedur erfolgt datengesteuert bzw. zeitgesteuert.
2) Daraufhin stellt die Prozedur eine Verbindung zum NDW her.
3) Es findet der Transport der erkannten Verbindungsdatensätze statt.
4) Anschließend wird die Verbindung wieder abgebaut.

Der datengesteuerte Transport tritt ein, wenn die Tabelle tbl_segments eine bestimmte Anzahl von Datensätzen beinhaltet. Die Anzahl wurde -wie es bereits erwähnt wurde- als 500 gewählt, d.h. wird die Tabelle mit 500 Datensätzen befüllt, so wird die Funktion getConnections() aufgerufen. Der Nachteil entsteht bei dieser Vorgehensweise, wenn die Anzahl der Datensätze eine längere Zeit kleiner als 500 bleibt. Diese Daten werden nicht transportiert, obwohl sie im NDW benötigt werden, damit die graphische Visualisierung dieser RTT-Messungen aktualisiert wird.

Bei der zweiten Variante wird die Prozedur getConnections() automatisch in zeitlichen Abständen unabhängig von der Anzahl der eingefügten Datensätze aufgerufen. Das Zeitintervall zwischen Aufrufen wurde als eine Minute gewählt. Als Nachteil ergibt sich hier, dass der Aufruf der Prozedur nach jeder vollendeten Minute auch dann stattfindet, wenn in der Tabelle tbl_segments gar keine Daten existieren. Auch der umgekehrte Fall ist als ein Nachteil zu sehen. Sammeln sich in dieser Tabelle sehr viele Daten an, weil der Netzverkehr auf einmal zunimmt, können sie eine Minute lang nicht abgearbeitet werden.

Durch die Kombination der beiden Varianten kann man versuchen, die geschilderten Nachteile zu vermeiden. Dazu wird ein konkreter Fall betrachtet. Enthält die Tabelle tbl_segments 400 Datensätze und fallen für eine Zeitlang keine Daten mehr an, tritt hier die zeitgesteuerte Überwachung ein. Der Nachteil der ereignisgesteuerten Überwachung wird dadurch eliminiert, indem die zeitgesteuerte Überwachung diese 400 Datensätze maximal nach einer Minute abarbeitet. Nimmt dagegen das Datenaufkommen in der Tabelle tbl_segments schnell zu, so tritt hier die ereignisgesteuerte Überwachung ein. Sie behebt den Nachteil der zeitgesteuerten Überwachung, weil er die Abarbeitung der Datensätze bereits nach dem 500. eingefügten Datensatz vornimmt und nicht auf die Vollendung einer Minute warten muss.

Doch es gibt ein Problem, das sowohl bei der datengesteuerten als auch der zeitgesteuerten Überwachung auftritt. Es wird angenommen, dass die Prozedur getConnections() ein zweites Mal aufgerufen wird, bevor sein erster Aufruf noch nicht zu Ende ausgeführt wurde. Es entstehen zwei Instanzen dieser Prozedur, die jeweils zur gleichen Zeit auf die Tabelle tbl_segments zugreifen. Diese zwei Instanzen werden unter PostgreSQL auch als Transaktionen bezeichnet. Der gleichzeitige Zugriff dieser beiden Transaktionen auf dieselbe Tabelle verursacht Datenredundanz und zwar aus folgendem

Grund: Die PostgreSQL-Datenbank sorgt dafür, dass zwei schreibende Transaktionen niemals zur gleichen Zeit ausgeführt werden. Doch das gleichzeitige Lesen von Transaktionen wird nicht unterbunden. D.h. während die erste Instanz der getConnections()-Prozedur die Daten in der Tabelle tbl_segments abarbeitet, kann diese Tabelle gleichzeitig von der zweiten Instanz gelesen werden. Das Problem tritt genau dadurch auf. Die zweite Instanz erkennt durch eine Leseoperation (SELECT-Anweisung) den ersten Verbindungsdatensatz aus dieser Tabelle, transportiert ihn zum NDW und versucht anschließend die Three-Way-Handshake-Segmente dieser erkannten Verbindung aus der Tabelle zu entfernen. Doch das Löschen aus dieser Tabelle kann nicht erfolgen, weil diese Operation von PostgreSQL ebenfalls als ein Schreibzugriff gesehen wird. Folglich wird diese Löschoperation blockiert, bis die erste Instanz zu Ende ausgeführt und die Tabelle tbl_segments wieder freigegeben wird. Da die Segmente des erkannten Verbindungsdatensatzes von der zweiten Instanz nicht gelöscht werden konnten, werden diese von der ersten Instanz ebenfalls zu einer Verbindung zugeordnet. Dieser erkannte Verbindungsdatensatz wird somit ein zweites Mal zum NDW gesendet und es entstehen somit zwei redundante Datensätze.

Das Problem kann nur gelöst werden, indem sichergestellt wird, dass die Ausführungen der gleichzeitigen Prozeduraufrufe nacheinander stattfinden. D.h. wenn zu einem Zeitpunkt ein Prozeduraufruf ausgeführt wird, dann darf die Tabelle tbl_segments von anderen Transaktionen weder gelesen noch geschrieben werden. Somit werden die nebenläufigen Transaktionen blockiert, bis die zuerst aufgerufene Prozedur zu Ende ausgeführt wurde. Dieser Ansatz ist die strikteste Transaktionsisolation, die mit der SQL-Anweisung LOCK TABLE erreicht werden kann [Eisentraut'07 a]. Doch dadurch entsteht ein neues Problem. Da diese Tabelle komplett gesperrt wird, kann sie während der gesamten Ausführungszeit der getConnections()-Prozedur von der Messsonde nicht befüllt werden. D.h. durch diese Sperre werden die von dem capture-Programm erfassten Segmente in diese Tabelle nicht geschrieben und gehen verloren.

Aus theoretischer Sicht müssen die zwei Prozesse, nämlich das Auslesen aus der Tabelle tbl_segments zur Verbindungserkennung und das Schreiben in diese Tabelle durch die Messsonde voneinander getrennt werden. Die Kombination der ereignisgesteuerten und der zeitgesteuerten Überwachung ergibt sich als die beste Variante. Denn die beiden Varianten beheben gegenseitig ihre eigenen Nachteile und transportieren die Daten so schnell wie möglich zum NDW.

Der zeitgesteuerte Transport der Daten über eine permanente Verbindung verfolgt einen anderen Ansatz. Für die Realisierung dieser Variante wurde ein C-Programm geschrieben, das auch als Dämon genannt wird.[1] Er läuft die

---

[1] Der programmierte Dämon ist im CD Ordner *Entwicklung/Evaluation* zu finden

ganze Zeit im Hintergrund und hat die Aufgabe, eine Verbindung zum NDW aufzubauen und sie aufrecht zu erhalten. Dadurch wird der ständige Auf- und Abbau einer Verbindung aus den Varianten 1 und 2a vermieden.

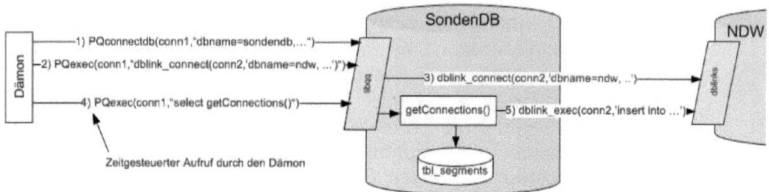

Abbildung 3.5: Zeitgesteuerter Transport der Daten über eine permanente Verbindung

1. Der Dämon stellt mithilfe der libpq-API eine Verbindung zur SondenDB her.
2. Über diese hergestellte Verbindung ruft er auf dieser Datenbank die Funktion `dblink_connect()` mit entsprechenden Parametern auf.
3. Diese Funktion bewirkt, dass die SondenDB von sich aus eine Verbindung zum NDW herstellt (`conn2`).
4. Anschließend ruft der Dämon in zeitlichen Abständen (nach jeder vollendeten Minute) die Prozedur `getConnections()` auf
5. Zum Transport der Daten zum NDW benutzt die `getConnections()`-Prozedur die von der SondenDB im Schritt 3 hergestellte Verbindung `conn2`. Diese Verbindung bleibt solange bestehen, bis der Dämon sie wieder explizit abbaut oder der Dämon selbst beendet wird.

Als Nachteil hat sich hier jedoch erwiesen, dass der zeitgesteuerte Transport der Daten über eine permanente Verbindung sich mit der datengesteuerten Überwachung nicht kombinieren lässt und zwar aus folgendem Grund: Die Datenbank SondenDB, in der die datengesteuerte Überwachung läuft, stellt eine eigene Sitzung dar. Baut der Dämon eine Verbindung zur SondenDB auf, geschieht dies ebenfalls über eine separate Sitzung. Es entstehen zwei Sitzungen, die voneinander unabhängig sind, d.h. wenn der Dämon die permanente Verbindung zum NDW hergestellt hat, ist sie nur innerhalb der eigenen „lokalen" Sitzung sichtbar, welche von der datengesteuerten Überwachung zum Datentransport nicht genutzt werden kann.

3.4 Sicherheit der Daten

3.4.1 Transport der Daten über einen SSH-Tunnel

Die Daten von der SondenDB zum NDW werden über das Internet unverschlüsselt übertragen. Um dieses Sicherheitsrisiko zu vermeiden, wurde für diese Kommunikation ein SSH-Tunnel erzeugt, der für eine sichere Verbindung sorgt. Ein SSH-Tunnel lässt sich mit

```
ssh -L 2345:localhost:5432 probe@HostB
```

einrichten, wobei `probe` den Benutzernamen angibt, mit dem SSH-Client sich gegenüber dem SSH-Dämon auf Host B mit entsprechendem Passwort authentifizieren kann [BSB 2004, S.159]. Die Abbildung 3.6 stellt das Prinzip des SSH-Tunnelings dar.

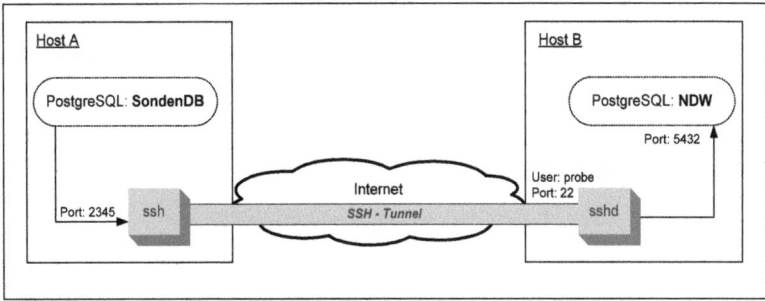

Abbildung 3.6: Prinzip des SSH-Tunnelings

Die `getConnections()`-Prozedur in der SondenDB sendet die erkannten Verbindungsdatensätze an den lokalen Port 2345. Der lokale SSH-Client überwacht diesen Port, verschlüsselt die dort ankommenden Daten und sendet sie anschließend durch den Tunnel an den SSH-Dämon an Port 22. Der entfernte SSH-Dämon auf Host B entschlüsselt diese Daten und gibt sie an das NDW an Port 5432 weiter.

3.4.2 Authentifizieren mittels Public Key Verfahren

Das Public Key Verfahren erlaubt die Authentifizierung zwischen einem SSH-Client und SSH-Server mit einem kryptografischen Schlüssel anstelle eines Login-Passworts. Im Gegensatz zu einem Passwort ist ein kryptografischer Schlüssel sicherer, da er niemals über das Netzwerk übertragen wird. Er ist ein zusammengehörendes Schlüsselpaar, das aus dem öffentlichen und privaten Schlüssel besteht. Mit dem öffentlichen Schlüssel wird eine Nachricht verschlüsselt, während der dazu passende private Schlüssel sie wieder entschlüsseln kann [BSB 2004, S. 142].

Der Host, auf dem der SSH-Client installiert ist, generiert zunächst dieses Schlüsselpaar und übergibt den öffentlichen Schlüssel an den Server. Will der SSH-Client über den erzeugten Tunnel eine Verbindung zum SSH-Dämon aufbauen, so muss sein Host beweisen, dass er im Besitz des privaten Schlüssels ist, der zum öffentlichen Schlüssel dieses Servers passt. Zu diesem Zweck führt der SSH-Server mit dem SSH-Client komplexe Verhandlungen durch, die auf diesen beiden Schlüsseln basieren. Nach erfolgreicher Authentifizierung gewährt der SSH-Dämon dem SSH-Client den sicheren Zugriff ohne Passworteingabe. Da die Daten zwischen SondenDB und NDW ebenfalls über diesen Tunnel transportiert werden, erfolgt die Authentifizierung nach dem gleichen Schema.

Es ist anzumerken, dass diese Authentifizierung immer nur in einer Richtung gelingt. D.h. es wird sichergestellt, dass nur die berechtigten Clients in das NDW Daten transportieren können. Aber die Authentifizierung vom NDW wird hier nicht vorgenommen.

3.5 Konkreter Ablauf der konzipierten verteilten Messarchitektur

In diesem Kapitel wird der konkrete Ablauf der konzipierten, verteilten Messarchitektur anhand eines Beispieles beschrieben. Doch zuerst soll der Ablauf des gesamten Systems zur passiven RTT-Berechnung in 5 Schritten auf theoretische Weise zusammenfasst werden:

Schritte, die im Rahmen dieser Arbeit erfolgen:

1. `capture.c`: Erfassen der Three-Way-Handshake-Segmente (TWH-Segmente) aus dem Netzverkehr
   a. Netzverkehr permanent auf einer angegeben Schnittstelle überwachen
   b. Erste Filterung des Netzverkehrs vornehmen (Segmente ohne gesetztem SYN oder ACK Flag und mit Payload-Größe > 0 werden verworfen)
   c. Segmente, die diesen ersten Filter überwunden haben, in die SondenDB weiterleiten

2. Datengesteuerter Aufruf der `getConnections()`-Prozedur in der SondenDB (nach 500 eingefügten Datensätzen)

3. `getConnections()`-Prozedur: Überführen der TWH-Segmente jeweils mit ihren erfassten Ankunftszeitstempeln in eine einzige Verbindung
   a. Verbindungsaufbau zum NDW über den erzeugten SSH-Tunnel
   b. Der verschlüsselte Transport eines erkannten Verbindungsdatensatzes zum NDW über die aufgebaute Verbindung
   c. Löschen der TWH-Segmente dieser erkannten Verbindungsdatensatzes
   d. Falls noch nicht alle SYN-Segmente abgearbeitet wurden, mit dem Schritt 3b fortfahren, ansonsten dem Schritt 3e folgen
   e. Löschen aller Segmente, deren Ankunftszeitstempel den Timeout einer TCP-Verbindung überschritten haben. Der Timeout einer TCP Verbindung wurde auf 2 Minuten festgelegt (*Zeitstempel eines Segments* < (*aktuelle Zeitstempel - 2 Minuten*) ? → ja: löschen, nein: nicht löschen).
   f. Abbau der hergestellten Verbindung

Schritte im NDW (Die Umsetzung dieser Schritte wurde von einer anderen Forschungsgruppe übernommen):

4. Berechnung der RTT-Werte der Verbindungsteilstrecken

5. Zeitgesteuerte graphische Visualisierung der berechneten RTT-Werte

Im Folgenden sollen diese 5 Schritte anhand eines konkreten Beispiels demonstriert werden. Hierfür wird das in der Abbildung 3.7 dargestellte Beispielsszenario betrachtet. Der Client baut zum Server eine TCP-Verbindung auf. Dabei wird die Kommunikation zwischen dem Client und dem Server über zwei Zwischenstationen ermöglicht, auf denen jeweils die Messsonde (das capture-Programm) läuft. Zeichnet eine Messsonde ein Segment auf, das den vorbestimmten Filter überwunden hat, sendet sie es in ihre lokal laufende Datenbank SondenDB. In dieser Datenbank werden die TWH-Segmente in eine Verbindung überführt und anschließend zum NDW transportiert, sodass die TeilstreckenRTTs berechnet und anschließend graphisch visualisiert werden.

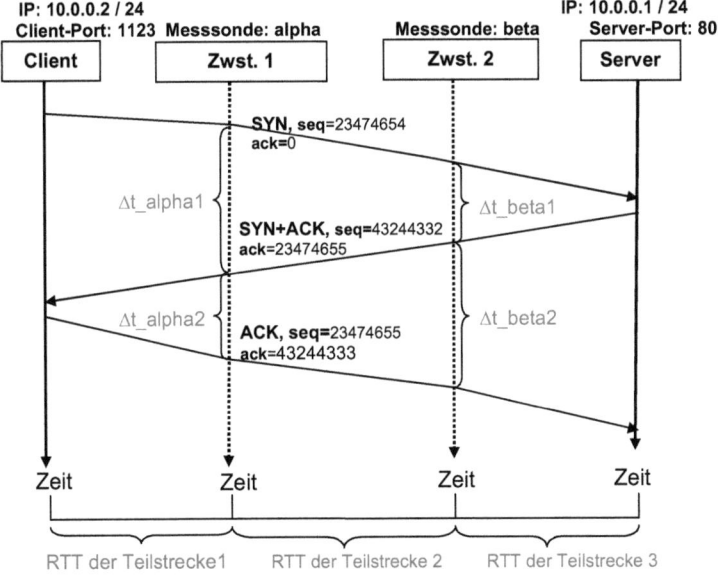

Abbildung 3.7: Konkreter Ablauf der konzipierten Messarchitektur

Gemessen werden sollen die RTT-Werte der existierenden 3 Teilstrecken. In der Abbildung 3.7 sind alle Informationen angegeben, die zur verteilten RTT-Berechnung notwendig sind. Auf der nächsten Seite ist der konkrete Ablauf der konzipierten verteilten Messarchitektur dargestellt.

Schritte, die im Rahmen dieser Arbeit erfolgen:

tbl_segments: In der SondenDB der Zwst. 1

id	src_ip	src_port	dst_ip	dst_port	seq_no	ack_no	fsyn	fack	probe_desc	pc_time
1	10.0.0.2	1123	10.0.0.1	80	23474654	0	TRUE	FALSE	alpha	13:16:21.997
2	10.0.0.1	80	10.0.0.2	1123	43244332	23474655	TRUE	TRUE	alpha	13:16:22.010
3	10.0.0.2	1123	10.0.0.1	80	23474655	43244333	FALSE	TRUE	alpha	13:16:22.015
...										

tbl_segments: In der SondenDB der Zwst. 2

id	src_ip	src_port	dst_ip	dst_port	seq_no	ack_no	fsyn	fack	probe_desc	pc_time
1	10.0.0.2	1123	10.0.0.1	80	23474654	0	TRUE	FALSE	beta	13:16:22.001
2	10.0.0.1	80	10.0.0.2	1123	43244332	23474655	TRUE	TRUE	beta	13:16:22.006
3	10.0.0.2	1123	10.0.0.1	80	23474655	43244333	FALSE	TRUE	beta	13:16:22.019
...										

▶ Aufruf der getConnections()-Prozedur

sa_input: In der Datenbank NDW

src_ip	src_port	dst_ip	dst_port	isn_src	isn_dst	probe
10.0.0.2	1123	10.0.0.1	80	23474654	43244332	alpha
10.0.0.2	1123	10.0.0.1	80	23474654	43244332	beta
...						

▶ Zuordnung der beiden Verbindungsdatensätze zueinander

probe	t_s	t_sa	t_a
alpha	13:16:21.997	13:16:22.010	13:16:22.015
beta	13:16:22.001	13:16:22.006	13:16:22.019
...			

→ Graphische Visualisierung der berechneten RTT-Werte

Schritte, die im NDW durchgeführt werden:

RTT der Teilstrecke 1 $= t\_a - t\_sa$
$= 13{:}16{:}22.015 - 13{:}16{:}22.010$
$= 5$ ms (Δt_alpha2)

RTT der Teilstrecke 3 $= t\_sa - t\_s$
$= 13{:}16{:}22.006 - 13{:}16{:}22.001$
$= 5$ ms (Δt_beta1)

RTT der Teilstrecke 2 $= \Delta t\_alpha1 - \Delta t\_beta1$
$= (t\_sa - t\_s) - 5$ ms
$= (13{:}16{:}22.010 - 13{:}16{:}21.997) - 5$ ms
$= 13$ ms $- 5$ ms $= 8$ ms

4 Realisierung und Evaluierung der verteilten Architektur

4.1 Realisierung einer verteilten Umgebung

Wie Abbildung 4.1 zeigt, wird der Verkehr zwischen Client und Webserver überwacht. Diese sind durch zwei Switches miteinander verbunden, sodass zur verteilten RTT-Messung insgesamt drei Segmente entstehen. Die Switches verfügen jeweils über Monitoringfähigkeit und sind so konfiguriert, dass sie den Kommunikationsverkehr zwischen Client und Webserver zu den jeweiligen Sonden weiterleiten bzw. spiegeln.

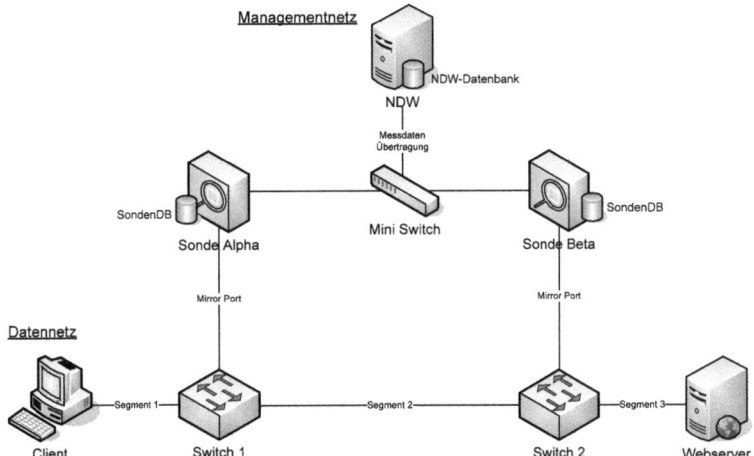

Abbildung 4.1: Realisierung einer verteilten Umgebung zur passiven RTT-Messung

Sowohl auf der Sonde Alpha als auch der Sonde Beta läuft das `capture`-Programm, das aus diesem gespiegelten Verkehr die Three-Way-Handshake-Segmente aufzeichnet. Das `capture`-Programm sendet jedes aufgezeichnete Segment jeweils in ihre lokale SondenDB.

Die SondenDB kann auch so realisiert werden, dass sie an einer zentralen Stelle im Netz zur Verfügung gestellt wird. D.h. es gibt in dem gesamten verteilten System eine einzige SondenDB, die von allen existierenden Messsonden befüllt wird. Bei dieser zentralen Realisierung der SondenDB ergeben sich jedoch zwei Schwierigkeiten. Wird z.B. dieses verteilte System in einem großen lokalen Netz (LAN) betrieben, so muss auch sichergestellt werden, dass alle verfügbaren Messsonden in diesem LAN die SondenDB erreichen können. Zur Veranschaulichung dieser Schwierigkeit wird das folgende Szenario betrachtet: Angenommen ein LAN besteht insgesamt aus 10 Subnetzen und auf einem dieser Subnetze befindet sich die zentrale SondenDB.

In diesem Fall müssen die übrigen neun Subnetze so konfiguriert werden, dass sie den von den Messsonden aufgezeichneten Verkehr in das Subnetz der zentralen Datenbank auch weiterleiten können. D.h. der Ansatz der zentralen Realisierung kann im lokalen Netz zur zusätzlichen Routen-Konfiguration führen. Die andere Problemstellung bei diesem Ansatz ist, wie sich diese zentrale SondenDB bei dem gleichzeitigen Datentransport von mehreren Messsonden verhält. D.h. die SondenDB müsste dann entsprechend evaluiert werden, bis zu welcher Datenrate pro Sekunde sie skaliert.

Diese Nachteile werden aufgehoben, indem für jede Netzkomponente, auf der die Messsonde läuft, eine eigene SondenDB angelegt wird. Das ist der dezentrale Ansatz, der bei dieser Arbeit umgesetzt wurde. Somit nimmt jede SondenDB nur die Daten von der lokal laufenden Messsonde entgegen. Der Nachteil bei diesem Ansatz ist, dass das gleiche Datenbankschema auf allen Sonden eingerichtet werden muss und somit zum Konfigurationsaufwand führt.

In jeder angelegten SondenDB werden dann die erfassten TWH-Segmente jeweils mit ihren erfassten Ankunftszeitstempeln in einen einzigen Verbindungsdatensatz überführt und anschließend über das Miniswitch zum NDW transportiert.

Die Konzeption der realisierten Umgebung sieht die Trennung von Datennetz und Managementnetz vor. Der Client und der Webserver mit den Switches 1 und 2 bilden das produktive Datennetz, während das Managementnetz aus den zwei Sonden, dem Miniswitch und dem NDW besteht. Die Berechnung der zu messenden RTT-Werte im produktiven Netz wird in diesem getrennten Managementnetz durchgeführt, sodass die Übertragungskapazität des Datennetzes unberührt bleibt. Ein weiterer Vorteil dieser Trennung ist, dass in die ursprünglich bestehende Netztopologie nicht eingegriffen wird. Es muss lediglich dafür gesorgt werden, dass an den Messpunkten, in diesem Fall an den Switches 1 und 2 die gesamte Kommunikation zwischen Client und Webserver an die Sonden Alpha und Beta gespiegelt wird.

4.2 Evaluierung des realisierten Systems

4.2.1 Messaufbau
Die Abbildung 4.2 stellt die Konfiguration des zu evaluierenden Systems zur passiven RTT-Messung dar. Der Client und Webserver im Produktionsnetz wurden jeweils mit einer Klasse-A-Adresse konfiguriert, während für das Managementnetz Klasse-C-Adressen verwendet wurden.

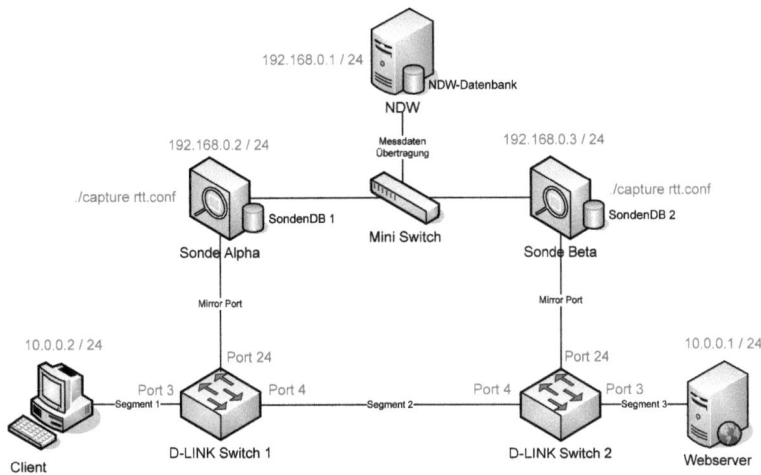

Abbildung 4.2: Evaluation des realisierten Systems zur passiven RTT-Messung

Auf dem Client wird mit einem Lastgenerator TCP-Verkehr generiert, der über die zwei D-Link Switches an den Webserver gesendet wird. Dabei wird der am Port 3 ankommende bzw. ausgehende TCP-Verkehr von jeweils beiden DLINK Switches über Port 24 an die Sonde Alpha bzw. Beta gespiegelt. Die Ports 1 und 2 der beiden D-LINK Switches wurden nicht benutzt, da diese Ports lediglich zu Managementzwecken dienen.

Unten sind die Leistungseigenschaften der eingesetzten Hardware stichpunktartig beschrieben.

Client:
- Prozessor: Intel(R) Pentium(R) 4 CPU 2.80 GHz
- Arbeitsspeicher: 1 GByte
- Netzwerkkarte: Marvell Technology Gigabit Ethernet

Webserver:
- Prozessor: Intel(R) Pentium(R) 4 CPU 2.80 GHz
- Arbeitsspeicher: 1 GByte
- Netzwerkkarte: Marvell 10/100/1000 Base-T

DLINK-Switches:
- Hersteller: DLINK DGS-3224TGR
- Geschwindigkeit: 24 Gbit/s
- Anzahl der Ports: 24 (1 Gbit/s pro Port)

Sonde Alpha und Sonde Beta:
- Prozessor:
  o Intel(R) Core(TM) 2 CPU 1.83 GHz
  o Intel(R) Core(TM) 2 CPU 1.83 GHz
- Arbeitsspeicher:2 GByte
- Netzwerkkarten:
  o Realthek PCI Express Gigabit Ethernet
  o Realthek PCI Express Gigabit Ethernet

Miniswitch:
- Hersteller: Level One FSW-0508TX
- Geschwindigkeit: 10/100 Mbps
- Anzahl der Ports: 5

NDW:
- Prozessor: Intel(R) Pentium(R) 4 CPU 2.80 GHz
- Arbeitsspeicher:1 Gbyte
- Netzwerkkarte: Marvell 10/100/1000 Base-T

Für die Durchführung der Messungen wurde folgende Software verwendet:

Betriebsystem:
Auf den Sonden Alpha und Beta wurden entsprechend den Basisanforderungen Ubuntu Server Edition installiert. Es kommt die Version 8.04 zum Einsatz.

Lastgenerator:
Um den benötigten TCP-Verkehr zu generieren, kamen zwei verschiedene Lastgeneratoren zum Einsatz. Der erste Lastgenerator heißt „Distributed Internet Traffic Generator" (D-ITG) und ermöglicht das Generieren von TCP-Segmenten. Sie wird über die Kommandozeilen gesteuert. D-ITG kann maximal Segmente mit einer Datenrate von 600Mbit/s generieren [Avallano'08]. Diese Datenrate ist jedoch für die Durchführung der Messungen ausreichend.

Als zweiter Lastgenerator wurde die Apache Benchmarksoftware ab verwendet. Im Gegensatz zu D-ITG ermöglicht sie das Generieren von TCP-Verbindungen. Die Parametrisierung dieser Benchmark Software erfolgt ebenfalls via Kommando-zeile [Apache'08].

Top:
Das Programm top wird benötigt, um die Prozessorauslastung auf den jeweiligen Sonden zu beobachten. Es zeigt eine dynamische Echtzeitsicht auf das laufende System. Es ist in der Ubuntu Server Distribution bereits enthalten und wird in der Version 3.2.7 eingesetzt.

Capture:
Das `capture`-Programm ist die Aufzeichnungssoftware, diee bereits in Kapitel 3.2.1 erläutert wurde.

4.2.2 Messmethodik

Die durchgeführten Messungen lassen sich in zwei Teile gliedern. Im ersten Teil der Messungen sollte festgestellt werden, wie viele Segmente das `capture`-Programm pro Sekunde maximal aufzeichnen kann. Um diese Messung durchzuführen, kam hierfür der Lastgenerator D-ITG zum Einsatz. Um den notwendigen TCP-Verkehr zu generieren, wurde auf dem Client der Prozess `ITGSend` gestartet. Der durch diesen Prozess generierte Verkehr kann mittels verschiedener Parameter konfiguriert werden. Die benutzten Parameter sind in der Tabelle 4.1 beschrieben.

Option	Erklärung
-a	Angabe der Ziel-IP-Adresse
-sp	Angabe des Quellports
-rp	Angabe des Zielports
-C	Anzahl der Segmente, die pro Sekunde gesendet werden
-c	Größe der Nutzdaten
-t	Dauer der Messung in ms
-T	Angabe des Protokolls
-l	Bezeichnung der Protokolldatei

Tabelle 4.1: Parameterbeschreibung des Lastgenerators D-ITG

Der einzige Parameter, der mit dem Lastgenerator nicht direkt angegeben werden kann, ist die Datenrate der zu sendenden TCP-Segmente. Doch sie lässt sich indirekt aus den anderen Parametern ableiten. Sollen beispielsweise Segmente mit einer Geschwindigkeit von 100 Mbit/s gesendet werden, so wird zunächst 100 Mbit/s in 13107200 Bytes/s umgewandelt und anschließend durch die maximale Größe eines Ethernet-Frames dividiert. Die maximale Größe eines Ethernet-Frames beträgt 1514 Bytes. Das Ergebnis dieser Division gibt die Anzahl der zu sendenden Segmente pro Sekunde an, die bei dieser Datenrate übertragen werden. D.h. sendet der `ITGSend`-Prozess innerhalb einer Sekunde 13107200 / 1514 = 8657 Segmente, so erzeugt er eine Datenrate von 100 Mbit/s. Die Voraussetzung hierbei ist, dass die von `ITGSend` zu sendenden

Segmente mit maximaler Nutzlastgröße generiert werden. Die Größe der maximalen Nutzlast wurde wie folgt ermittelt:

Maximale Ethernet-Frame-Größe = <u>1514 Bytes</u>

Gesamte Headergröße = 14 Bytes (Ethernet) +
20 Bytes (IP-Paket-Header) +
20 Bytes (TCP-Segment-Header) +
12 Bytes (TCP-Segment-Optionen)
= <u>66 Bytes</u>

Maximale Nutzlast = *Maximale Ethernet-Frame-Größe* - *Gesamte Headergröße*
= 1514 Bytes - 66 Bytes
= 1448 Bytes

Folglich würde der Aufruf

```
ITGSend -a 10.0.0.1   -C 8657   -c 1448   -T tcp   -t 1000
```

die gewünschte Datenrate 100 Mbit/s erzeugen. Entsprechend ist auf dem Server der Prozess ITGReceiver gestartet, der diesen generierten TCP-Verkehr entgegennimmt. Sowohl der ITGSend- als auch der ITGReceiver-Prozess erzeugt eine Logdatei, die den gesendeten bzw. empfangenen Verkehr auf beiden Rechner protokolliert. Diese Dateien können mit dem Befehl ITGDec ausgewertet werden.

Während dieser Messungen wurde auch die durch die Prozesse capture und postgres erzeugte Prozessorauslastung beobachtet. Für die Messung der Prozessorauslastung kam das Unix-Tool top zum Einsatz. Um den durchschnittlichen Prozessorauslastung dieser beiden Prozesse zu ermitteln, wurde top wie folgt gestartet:

```
top -d 0.1 | grep 'capture\|postgres'
```

Dabei gibt die Option -d das Aktualisierungsintervall an. In diesem Fall wird die Prozessorauslastung der beiden Prozesse jede 100. Millisekunde aktualisiert [Birnthaler'08]. Wird z.B. die Messung über einen Zeitraum von einer Sekunde durchgeführt, so ergibt dieser Programmaufruf für die beiden Prozesse jeweils 10 ausgelesene CPU-Lastwerte. Anschließend kann aus diesen 10 ausgelesenen Werten die durchschnittliche Prozessorauslastung der beiden Prozesse ermittelt werden.

Die Messungen im ersten Teil wurden wie folgt durchgeführt: Mit dem Lastgenerator ITGSend wurde innerhalb einer Sekunde eine bestimmte Anzahl von TCP-Segmenten über das capture-Programm an den ITGReceiver gesendet. Anschließend wurde in der Datenbank überprüft, wie viele dieser gesendeten Segmente das capture-Programm erfassen konnte.

Im zweiten Teil der Messungen ging es darum, im Gegensatz zum ersten Teil anstelle von TCP-Segmenten TCP-Verbindungen zu generieren. Anschließend sollte ermittelt werden, wie viele dieser generierten Verbindungen das capture-Programm erfassen konnte. Der Lastgenerator D-ITG ermöglicht nur das Generieren von TCP-Segmenten und nicht von TCP-Verbindungen. Aus diesem Grund wurde für die Durchführung dieser Messungen die bekannte Apache Benchmark ab der Apache Foundation verwendet. Sie ist ein Werkzeug um Last in Form von HTTP-Anfragen an einen Webserver zu generieren. Um z.B. einen Client zu simulieren, der zum Webserver nacheinander 100 Anfragen sendet, wird das Programm ab mit folgenden Parametern aufgerufen:

```
ab -n 100 AdresseDerWebserver/
```

Somit werden zum Webserver insgesamt 100 Verbindungen auf- bzw. abgebaut (pro Anfrage eine Verbindung). Das Programm unterstützt auch die Simulation der gleichzeitigen Zugriffe auf einen Webserver. So veranlasst beispielsweise der Programmaufruf

```
ab -n 100 -c 10 AdresseDerWebserver/
```

den gleichzeitigen Zugriff von 10 Clients. Dabei wird von jedem Client jeweils 10 Anfragen an den Webserver abgeschickt. Diese Benchmark-Software erlaubt jedoch nicht, die Datenrate der zu generierenden Verbindungen anzugeben. Aus diesem Grund konnten während der Messungen die Datenrate und ihr Einfluss auf die zu erfassenden Verbindungen nicht beobachtet werden. Die Durchführung der Messungen erfolgte ähnlich wie im ersten Teil. D.h. es wurden mit der Apache Benchmark eine bestimmte Anzahl von TCP-Verbindungen zum Webserver aufgebaut. Anschließend wurde mittels der getConnections()-Prozedur in der SondenDB die Anzahl der erfassten Verbindungen ermittelt.

4.2.3 Ergebnisse der Messungen

Im Folgenden werden die Ergebnisse der Messungen zusammengefasst. Zunächst soll gemessen werden, wie viele Frames das capture-Programm in einer Sekunde maximal in die Datenbank schreiben kann. Dabei schreibt capture-Programm nicht jeweils den gesamten Frameinhalt in die Datenbank, sondern nur die speziellen Felder aus IP- und TCP-Header, die bereits im Kapitel 3.2.1 in der Tabelle 3.1 beschrieben wurden. Die Messungen erfolgten über einen Zeitraum von einer Sekunde. Eine Vergleichsmessung über einen längeren Zeitraum ergab keine Veränderung dieser Ergebnisse. Sie werden in der Tabelle 4.2 und der Abbildung 4.3 veranschaulicht.

Übertragungsrate [Mbit/s]	Gesendete Frames/s	Erfasste Frames/s
11.2	1000	1000
13.5	1200	1200
18.1	1600	1600
22.6	2000	1678
46.2	4000	1671
69.3	6000	1669

Tabelle 4.2: Capture.c - Erfasste Frames - Schreiben in die Datenbank

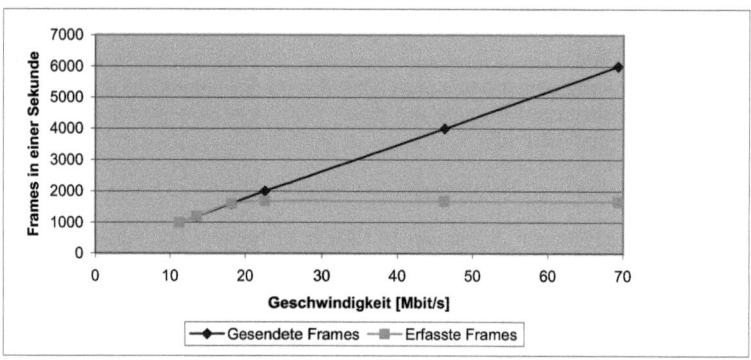

Abbildung 4.3: Capture.c - Erfasste Frames - Schreiben in die Datenbank

Es ist zu erkennen, dass das `capture`-Programm bis zu einem gewissen Punkt die gesendeten Frames abgesehen von kleinen Verlusten erfassen kann. Doch ab diesem Punkt steigt die Anzahl der erfassten Frames nicht mehr weiter an und bleibt auf dem stabilen Niveau. Hierdurch wird ersichtlich, dass das capture-Programm bei einer Nutzlast von 1448 Bytes in einer Sekunde maximal ca. 1600 Frames aufzeichnen kann. An dieser Stelle stellt sich die Frage, warum nicht alle gesendeten Frames verlustfrei erfasst werden können. Die erste Ursache hierfür ist die libpcap-Bibliothek. Denn sie kann zu einem Zeitpunkt entweder die ankommenden Frames überwachen, um sie aufzuzeichnen oder ein aufgezeichnetes Frame in die Datenbank schreiben. D.h. während sie ein aufgezeichnetes Frame in die Datenbank schreibt, kann sie während dieses Schreibprozesses die neu ankommenden Frames nicht erfassen.

Während der Messungen wurde beobachtet, wie sich die Prozessorlast der beiden Prozesse `capture` und `postgres` zur Datenrate verhielten. Die folgende Tabelle 4.3 und die zugehörige Abbildung 4.4 zeigen die durchschnittliche Prozessorauslastung dieser beiden Prozesse.

Gesendete Frames / s	capture [%]	postgres [%]
1000	10.9	22
1200	12.7	31
1600	15.9	39.1
2000	17.3	42.2
4000	17.7	42.5
6000	18.2	42.6

Tabelle 4.3: Capture.c - Prozessorauslastung - Schreiben in die Datenbank

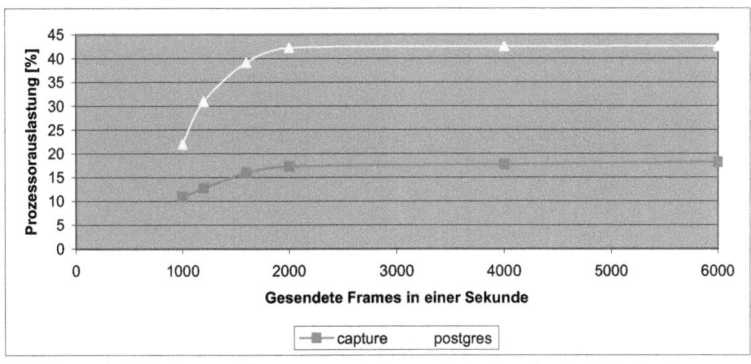

Abbildung 4.4: Capture.c - Prozessorauslastung - Schreiben in die Datenbank

Es ist zu erkennen, dass die prozentuale Prozessorauslastung der beiden Prozesse insgesamt bis zu ca. 60 % ansteigt, danach aber dieser Wert nicht mehr überschritten wird. Der große Teil der durch die Aufzeichnung verursachten Prozessorauslastung wird durch den Prozess postgres erzeugt. Er verursacht allein Prozessorlast bis zu ca. 42%, während dieser Wert beim capture-Prozess maximal ca. 18% beträgt. Während der Messungen der Prozessorauslastung wurde ebenfalls festgestellt, dass die PostgreSQL-Datenbank nicht multiprozessorfähig ist. Der erste Prozessor der Sonde wird bei stark steigendem Netzverkehr bis zu 100% ausgelastet, während sein zweiter Prozessor leer läuft. Aus diesem Grund kann der ausgelastete Prozessor keine weiteren Prozesse mehr verarbeiten, das zur Folge hat, dass die ankommenden Frames nicht mehr erfasst werden können.

Die zweite Ursache für die Frameverluste lässt sich dadurch vermuten, dass jedes aufgezeichnete Frame vom capture-Programm in die Datenbank geschrieben wird. Das Einfügen eines jeden aufgezeichneten Frames in die Datenbank erzeugt, wie in der Abbildung 4.4 gezeigt, eine höhere Systemlast und kann ebenfalls die Frameverluste verursachen. Um dies festzustellen, wurde das capture-Programm so manipuliert, dass es jedes aufgezeichnete Frame nicht in die Datenbank sondern in eine lokale Datei schreibt[1].

Übertragungsrate [Mbit/s]	Gesendete Frames / s	Erfasste Frames / s
100	8657	8657
200	17314	17310
300	25972	22813
400	34629	22668
500	43287	21538

Tabelle 4.4: Capture.c - Erfasste Frames - Schreiben in die lokale Datei

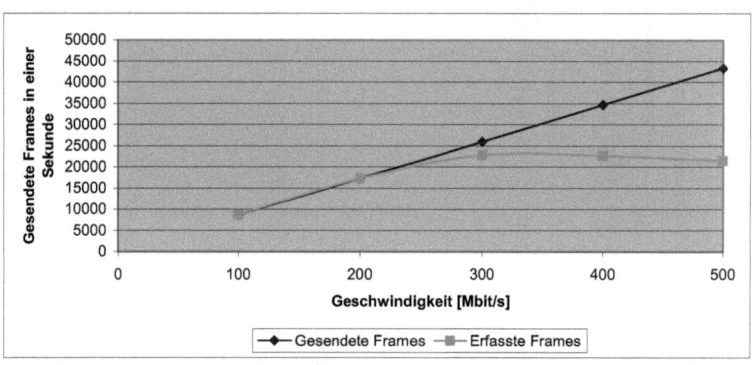

Abbildung 4.5: Capture.c - Erfasste Frames - Schreiben in die lokale Datei

Die Messungen, dargestellt in Tabelle 4.4 und Abbildung 4.5, zeigen, dass in einer Sekunde bis ca. 22000 Frames erfasst werden können, während diese Anzahl beim Schreiben in die Datenbank nur ca. 1600 Frames/s betrug. D.h. das Schreiben der aufgezeichneten Frames in die Datenbank ist die zweite Ursache für die Verluste.

Im zweiten Teil der Messungen wurde anstelle von TCP-Segmenten eine bestimmte Anzahl von TCP-Verbindungen generiert. In diesem Teil der

---

[1] Das manipulierte capture-Programm ist im CD Ordner *Entwicklung/Evaluation* zu finden

Messungen ging es also darum, festzustellen, wie viele dieser generierten Verbindungen das `capture`-Programm erfassen konnte.

Das erste Ziel der Messungen im diesem Teil war, die eingelieferten Daten der Messsonden in die SondenDB auf Plausibilität hin zu überprüfen. Deswegen wurde zunächst an den Webserver eine einzige GET-Anfrage gesendet, die folglich eine TCP-Verbindung aufbaute. Durch diese TCP-Verbindung wurden vom `capture`-Programm insgesamt 6 Segmente aufgezeichnet. Die ersten 3 dieser aufgezeichneten 6 Segmente waren die zur RTT-Messung benötigten Three-Way-Handshake-Segmente des TCP-Verbindungsaufbaus. Die übrigen 3 Segmente sind Datenbestätigungen, die sich von den aufgezeichneten Three-Way-Handshake-Segmenten anhand von ihrem ACK-Flag nicht unterscheiden lassen. D.h. bei jeder TCP-Verbindung bestehend aus Verbindungsaufbau, Verbindungsphase und Verbindungsabbau werden vom `capture`-Programm insgesamt sechs Segmente erfasst. Die Plausibilitätstests wurden danach mit 10 und anschließend 100 TCP-Verbindungen erfolgreich durchgeführt, sodass die beiden Messsonden Alpha und Beta sie verlustfrei erfassen konnten.

Anzahl der nacheinander aufgebauten Verbindungen	Anzahl der erfassten Verbindungen
250	143
500	284
1000	639
2000	1274
4000	2299
8000	4110

Tabelle 4.5: Capture.c - Erkannte TCP-Verbindungen

Die Messungsergebnisse in der Tabelle 4.5 zeigen, dass das `capture`-Programm ca. 60% der generierten Verbindungen erfassen konnte. Dabei wurden pro Verbindung lediglich Nutzdaten von 1448 Bytes (genau ein Datensegment) transportiert. Die gleichen Tests wurden ebenfalls bei einer Nebenläufigkeit von 10 Clients durchgeführt. Die Ergebnisse sind in der Tabelle 4.6 zusammengefasst.

Es ist zu erkennen, dass sich die Anzahl der erfassten Verbindungen bei einer Nebenläufigkeit von 10 Clients im Vergleich zur vorherigen Messung wesentlich verringert hat. Werden z.B. 8000 TCP-Verbindungen sequenziell aufgebaut, so kann das `capture`-Programm ca. 4100 Verbindungen erfassen. Werden dagegen die 8000 TCP-Verbindungen bei einer Nebenläufigkeit von 10 Clients

Anzahl der aufgebauten Verbindungen bei einer Nebenläufigkeit von 10 Clients	Anzahl der erfassten Verbindungen
250	68
500	68
1000	68
2000	75
4000	80
8000	93

Tabelle 4.6: Capture.c - Erkannte Verbindungen bei einer Nebenläufigkeit von 10 Clients

gestartet, so kann das capture-Programm in diesem Fall nur noch 90 Verbindungen erfassen. Die gleichen Messungen in der Tabelle x wurde ebenfalls bei einer Nebenläufigkeit von 50, 100 und anschließend 200 Clients durchgeführt. Es stellte sich heraus, dass sich die Anzahl der erfassten Verbindungen mit der ansteigenden Anzahl der simultanen Zugriffe auf den Webserver verringerte. D.h. das System verhält sich gegenüber dem gleichzeitigen Zugriff von mehreren Clients sehr schlecht.

Mithilfe der gesamten Messungen sollte festgestellt werden, ob das realisierte System skaliert. Die Schwierigkeit bei dieser Entscheidung besteht darin, festzustellen, wann das System zu skalieren beginnt. Betrachtet man ein Netz, indem pro Sekunde ca. 10 TCP-Verbindungen aufgebaut werden, so skaliert das System. Werden dagegen in einer Sekunde beispielsweise 1000 Verbindungen aufgebaut, so skaliert das System nicht. Die Fragestellung hierbei ist also, eine allgemeine Aussage zu typischen TCP-Verkehren in Netzen zu ermitteln.

5 Zusammenfassung und Ausblick

Ziel der Arbeit war ein System zu realisieren, das die RTT-Werte in großen Netzen auf verteilte Weise ermittelt. Diese Zielsetzung ist im Rahmen dieser Arbeit erfolgreich umgesetzt worden. Das realisierte System kann in beliebig großen Netzen eingesetzt werden und erlaubt die Berechnung der Teilstreckenverzögerungen für jede aufgebaute TCP-Verbindung. Anschließend wurde das realisierte System bezüglich der Skalierbarkeit evaluiert. Bei dieser Evaluation wurden zwei Probleme festgestellt. Das erste Problem ergibt sich durch die *libpcap*-Bibliothek. Sie kann zu einem Zeitpunkt entweder nur die Frames überwachen, um sie aufzuzeichnen oder ein aufgezeichnetes Frame in die Datenbank schreiben. D.h. während sie ein aufgezeichnetes Frame in die Datenbank schreibt, kann sie während dieses Schreibprozesses die neu ankommenden Frames nicht erfassen. Eine mögliche Lösung für dieses Problem besteht darin, die zwei Operationen, nämlich das Überwachen der ankommenden Frames und das Schreiben in die Datenbank voneinander zu entkoppeln. Dies ist durch die von Correy Satten entwickelte Software *gulp* möglich. Diese beiden Operationen von *gulp* werden verschiedenen Prozessorkernen fest zugeordnet, sodass sie sich nicht blockieren. Durch den Einsatz von *gulp* anstelle der *libpcap*-Bibliothek in der Aufzeichnungssoftware sollte entsprechend evaluiert werden, ob dadurch eine Reduzierung der Frameverluste ermöglicht wird. Das zweite Problem besteht darin, dass die Schreiboperation eines aufgezeichneten Frames in die Datenbank viel Prozessorleistung benötigt. Die hier eingesetzte PostgreSQL-Datenbank verursacht eine über ca. zweifache Prozessorauslastung gegenüber der eigentlichen Aufzeichnungssoftware. Für die Lösung dieses Problems bieten sich zwei Möglichkeiten an. Die Aufzeichnungssoftware generiert für jedes aufgezeichnete Frame einen eigenen SQL „INSERT"-Befehl und übergibt ihn an die Datenbank. Stattdessen könnte man die SQL-„INSERT"-Befehle zuerst lokal z.B. in einem RAM-Disk zusammenfassen und sie danach gleichzeitig an die Datenbank übergeben. Anschließend wäre es zu überprüfen, ob sich dadurch eine Steigerung der Erfassungsrate erzielen lässt. Eine zweite Möglichkeit wäre ein Wechsel auf eine andere Datenbanksoftware, die auf Einfügeoperation optimiert ist.

Literaturverzeichnis

[Apache'08]   Hrsg. The Apache Software Foundation: *Apache HTTP
                   server benchmarking tool,*
                   http://httpd.apache.org/docs/2.0/programs/ab.html, 2008,
                   Abrufdatum: 13.08.08

[Birnthaler'08]   Birnthaler T. / Gottschalk H.: HOWTO zur Bedienung und
                   Konfiguration von "top", http://www.ostc.de/howtos/unix-
                   top-HOWTO.pdf, 04/2008, Abrufdatum: 12.08.08

[Barrett'04]   Barrett, J. Daniel / Silverman, E. Richard / Byrnes, G.
                   Robert: *Linux-Sicherheitskochbuch,* O'Reilly Verlag,
                   Köln, 1. Auflage, 2004

[Carstens'06]   Carstens, Tim / Guy, Harris: Programming with pcap,
                   http://www.tcpdump.org/pcap.htm, 2006, Abrufdatum:
                   17.08.08

[Crngarov'07]   Crngarov, A. / Neth, A. / Niephaus, C. / Reineck, K. /
                   Weber, P.: *Entwicklung eines Tools zur passiven RTT-
                   Messung nach dem SA-Verfahren,* FH-Bonn-Rhein-Sieg,
                   http://www.leischner.inf.fh-rhein-sieg.de/lehre/06ws/RTT-
                   Tool.pdf, 02/2007, Abrufdatum: 15.07.2008

[Avallano'08]   Avallone, Stefano / Botta, Alessio / Dainotti, Alberto /
                   Donato, Walter / Pescapé Antonio: *D-ITG V. 2.6.1d
                   Manual,* http://www.grid.unina.it/software/ITG/codice/D-
                   ITG2.6.1d-manual.pdf, 05/2008, Abrufdatum: 17.08.08

[Eckert'06]   Eckert, Claudia: *IT-Sicherheit: Konzepte-Verfahren-
                   Protokolle,* Oldenbourg Verlag, München, 4. Auflage,
                   2006

[Eisentraut'07 a] Eisentraut, Peter: *LOCK,*
                   http://www.postgresql.org/files/documentation/books/pgh
                   andbuch/html/sql-lock.html, 2007, Abrufdatum: 16.08.08

[Eisentraut'07 b] Eisentraut, Peter: *12.3 Ausdrückliche Sperren,*
                   http://www.postgresql.org/files/documentation/books/pgh
                   andbuch/html/explicit-locking.html, 2007, Abrufdatum:
                   18.08.08

[Erlenkötter'02]   Erlenkötter, Helmut: *C-Programmieren von Anfang an,*
                   Taschenbuch Verlag GmbH, Hamburg, 5. Auflage, 2002

[Franken'08]   Franken, Johannes: *OpenSSH - Teil 2: SSH-Tunnels*, http://www.jfranken.de/homepages/johannes/vortraege/s sh2.de.pdf, 07/2008, Abrufdatum: 13.08.08

[Goslar'08]   Goslar, Dennis / Lentzen, Dirk: *System und Netzpraktikum*, FH-Bonn-Rhein-Sieg, http://wiki.netlab.inf.fh-bonn-rhein-sieg.de/images/f/fb/080130_Projektabschluss_MKSN_Sy stem-_und_Netzpraktikum.zip, 08/2008, Abrufdatum: 12.08.08

[Herold'05]   Herold, Helmut: *C-Kompaktreferenz*, Addison-Wesley Verlag, Online verfügbar: http://www.pearson.ch/download/media/9783827322869 _SP.pdf, 2005, Abrufdatum: 12.08.08

[Hommen'08]   Hommen, Julian: *Konzeption und Implementierung eines Netzwerkprobes für den Einsatz im Netzlabor*, Bachelor Thesis FH-Bonn-Rhein-Sieg, http://leischner.inf.fh-brs.de/aa/ba08-netzwerkprobe-hommen.pdf, 02/2008, Abrufdatum: 22.08.08

[Jiang'02]   Jiang, Hao / Dovrolis, Constantinos: *Passiv Estimation of TCP Round-Trip Times*, In: ACM   SIGCOMM Computer Communications Review Volume 32, Number 3, p. 75-88, http://aicon.hanyang.ac.kr/document/Passive%20-estimation%20of%20TCP%20round-trip%20times.pdf, 07/2002, Abrufdatum: 23.08.08

[Jaiswal'04]   Jaiswal, Sharad / Iannaccone, Gianluca / Diot, Cristophe / Kurose, Jim / Towsley, Don: *Inferring TCP connection characteristics through passive measurements*, IEEE Infocom, http://www.ieee-infocom.org/2004/Papers/33_5.PDF, 2004, Abrufdatum: 25.08.08

[Leischner'08]   Leischner, Martin: *Passive Messung von Internet-Verzögerungszeiten*, http://leischner.inf.fh-brs.de/rtt/karte1.htm, 01/2008, Abrufdatum: 13.08.08

[Neth'07 a]   Neth, Andreas: *Projekt Passive RTT-Messung*, FH-Bonn-Rhein-Sieg, http://wiki.netlab.inf.fh-bonn-rhein-sieg.de/index.php/Projekt_Passive_RTT-Messung, 08/2007, Abrufdatum: 14.08.08

[Neth'07 b]   Neth, Andreas: *Konzeption einer Architektur für die verteilte, passive RTT-Messung im Kontext des IT-Servicemanagements*, FH-Bonn-Rhein-Sieg, http://leischner.inf.fh-bonn-rhein-sieg.de/lehre/07ss/maproj-ndw/start.html, 06/2007, Abrufdatum: 13.08.08

[PostgreSQL'08 a] Hrsg. PostgreSQL Global Development Group: *Appendix F. Additional Supplied Modules - F.5. dblinks*, http://www.postgresql.org/docs/current/static/dblink.html, 2008, Abrufdatum: 12.08.08

[PostgreSQL'08 b] Hrsg. PostgreSQL Global Development Group: 12.2. Transaction Isolation, http://www.postgresql.org/docs/7.4/interactive/transaction-iso.html, 2008, Abrufdatum: 12.08.2008

[Spina'06]   Spina, Marco: *Analyse von passiven Methoden zum kundenorientierten Round-Trip-Time Monitoring für den Einsatz bei einem Internet-Service-Provider*, Master Thesis FH-Bonn-Rhein-Sieg, http://leischner.inf.fh-brs.de/aa/ma06-passivrtt-spina.pdf, 08/2006, Abrufdatum: 15.08.08

[Tanenbaum'03]   Tanenbaum, S. Andrew: *Computernetzwerke*, Pearson Verlag GmbH, München, 4. Auflage, 2003

[TEIA AG'08]   Hrsg. TEIA AG: *10.1.1 Die vier Transaktionsstufen*, http://www.teialehrbuch.de/Kostenlose-Kurse/SQL/14768-Die-vier-Transaktionsstufen.html, 2008, Abrufdatum: 16.08.08

[Vossen'04]   Vossen, Gottfried / Witt, Kurt-Ulrich: *Grundkurs-Theoretische Informatik*, Vieweg Verlag, Wiesbaden, 3. Auflage, 2004

Anhang

I capture.c-Quellcode Erläuterung

Die Direktive #include bindet die angegebene Bibliotheksdatei in capture.c
ein. Direktiven sind zeilenorientiert. Längere Direktiven können nur durch eine
Backslash-Newline-Kombination auf mehrere Zeilen verteilt werden.

```
#include <stdio.h>
#include <pcap.h>
#include <time.h>
#include <netinet/in.h>
#include <netinet/ip.h>
#include <netinet/tcp.h>
#include <string.h>
#include <postgresql/libpq-fe.h>
#include <stddef.h>
#include <stdlib.h> //EXIT_FAILURE
#include "read.h"
```

Unten sind aufgeführt, für welche Funktionen die Bibliotheken benötigt werden.

Bibliothek	Funktion oder Datenstruktur
<stdio.h>	- printf - sprintf - fprintf
<pcap.h>	- pcap_lookupnet - pcap_open_live - pcap_compile - pcap_setfilter - pcap_loop - pcap_freecode - pcap_close - struct pcap_pkthdr - struct bpf_program
<time.h>	- localtime - strftime - struct tm
<netinet/in.h>	- ntohs - ntohl - inet_ntoa

<netinet/ip.h>	- *struct iphdr*
<netinet/tcp.h>	- *struct tcphdr*
<string.h>	- strcpy
<pgsql/libpq-fe.h>	- PQconnectdb
	- PQstatus
	- PQuser
	- PQdb
	- PQerrorMessage
	- PQexec
	- PQresultStatus
"read.h"	- readConfigFile

Tabelle 7.1: Benutzte Funktionen im capture-Programm

```
#define VERBOSE 1
```

Mit der #define-Direktive wird die Konstante VERBOSE definiert. Diese Konstante wurde mit dem Wert 0 (FALSE) initialisiert. Er gibt an, dass der Ablauf des Programms nicht ausgegeben wird (kein Debug - Modus). Mit 1 (TRUE) wird der Debug-Modus aktiviert.

```
static PGconn *conn;
```

Die Variable conn vom Typ PGconn ist ein Zeiger auf die herzustellende Datenbankverbindung. Das Schlüsselwort static bewirkt, dass dieser Zeiger seinen Wert zwischen Funktionsaufrufen behält. Dieser Zeiger ist global deklariert, da er sowohl im main - Programm als auch in der got_packet()-Funktion benutzt wird.

```
// Keywords
extern char host[100];
extern char port[100];
extern char dbname[100];
extern char username[100];
extern char password[100];
extern char tblname[100];
extern char device[100];
extern char probe_desc[100];
extern char port_to_capture[100];
```

Das Schlüsselwort `extern` deklariert eine Variable als extern. Damit reserviert der Compiler für die Variable keinen eigenen Speicher, sondern bezieht sich nur auf diese Variable. Die Zuweisungen dieser Variablen werden in der Konfigurationsdatei dieser Sonde angegeben, die mit der Bibliothek `read.h` eingelesen werden.

Erläuterung der Main-Funktion:

```
if(argc != 2)
{
    printf ("Usage: %s filepath\n",argv[0]);
    return 7;
}
```

Die Variable `argc` enthält die Anzahl der übergebenen Parameter. Damit wird überprüft, ob die Anzahl der übergebenen Parameter 2 beträgt, nämlich den Programmnamen und den Pfad der einzulesenden Konfigurationsdatei. Ist `argc` ungleich 2, wird dann die oben angegebene Fehlermeldung ausgegeben und das Programm mit dem Rückgabewert 7 verlassen.

```
readConfigFile(argv[1]);
```

Mit der Funktion `readConfigFile()` werden alle Einstellungen bzw. Zugangs-daten aus der übergebenen Konfigurationsdatei eingelesen, die notwendig sind, um eine Verbindung zur Datenbank aufzubauen. Diese Funktion ist in der Bibliothek `read.h` definiert.

```
if(strcmp(port_to_capture,"NULL") == 0)
{
    printf("Warnung: Schlüsselwort port_to_capture wurde nicht
    angegeben. Es werden alle Ports überwacht!\n\n");

    sprintf(filter_exp,"(tcp[13] == 2 || tcp[13] == 18 ||
    tcp[13] == 16)");
}
```

Die Funktion `strcmp` überprüft, ob dem Schlüsselwort `port_to_capture` `NULL` zugewiesen ist. Dieser Wert bedeutet, dass in der Konfigurationsdatei keine Zuweisung für dieses Schlüsselwort gefunden wurde. Tritt der Fall ein, so überwacht capture.c für die Aufzeichnung der Frames alle Ports. Der String `filter_exp[]` enthält den Filterausdruck, der auf die empfangenen Frames angewendet wird. Dieser Filterausdruck besagt, dass nur Segmente mit gesetztem SYN-, SYN/ACK- oder ACK-Flag aufgezeichnet werden.
`else`

```
{
    sprintf(filter_exp,"(tcp[13] == 2 || tcp[13] == 18 ||
    tcp[13] == 16) && (port %s)",port_to_capture);
}
```

Anderenfalls ist das Port bzw. sind die Ports mit dem Schlüsselwort port_to_capture angegeben. In diesem Fall überwacht das capture-Programm nur auf Segmente mit gesetztem SYN-, SYN/ACK- und ACK-Flag, die an diesen Port bzw. diese Ports adressiert sind.

```
sprintf(conninfo,"host=%s port=%s dbname=%s user=%s
    password=%s",host,port,dbname,username,password);
```

Die Funktion sprintf formatiert die Zugangsdaten, die nötig sind, um zum Datenbankserver eine Verbindung aufzubauen und legt sie in der Zeichenkette conninfo ab. Im Prinzip handelt es sich um eine Variante von printf und verwendet die gleichen Escape- und Formatierungszeichen. Der einzige Unterschied besteht darin, dass sprintf die Zeichenkette nicht in die Standardausgabe sondern in eine Variable schreibt [Erlenkötter'02, S. 106].

```
conn = PQconnectdb(conninfo);
```

Die Funktion PQconnectdb baut zum Datenbankserver eine Verbindung auf. Diese Verbindung wird durch conn repräsentiert, der als global deklariert wurde.

```
if (PQstatus(conn) == CONNECTION_OK)
    {
        printf ("Connected to Server as user %s to Database
        %s\n",PQuser(conn),PQdb(conn));
    }
else
    {
        fprintf(stderr, "Connection to database failed:
        %s",PQerrorMessage(conn));
        return EXIT_FAILURE;
    }
```

Mit der Funktion PQstatus wird überprüft, ob die Verbindung erfolgreich aufgebaut wurde, bevor Anfragen durch die Verbindung geschickt werden. Wurde die Verbindung erfolgreich aufgebaut, so liefert diese Funktion CONNECTION_OK zurück. In diesem Fall wird der Benutzer über erfolgreiche Herstellung der Verbindung informiert. Die Funktion PQuser gibt dabei den Benutzernamen der Verbindung zurück, während die Funktion PQdb die Datenbankbezeichnung liefert, zu der die Verbindung aufgebaut wurde. Ansonsten wird mit der Funktion PQerrorMessage die Fehlerursache angezeigt und das `main`-Programm mit `EXIT_FAILURE` verlassen. `EXIT_FAILURE` enthält dabei den Fehlercode.

```
if (pcap_lookupnet(device, &net, &mask, errbuf) == -1)
{
    fprintf(stderr, "Can't get netmask for device %s\n",
        device);
    net = 0;
    mask = 0;
}
```

Mit der Funktion `pcap_lookupnet` wird die Netzadresse und die Netzmaske der jeweiligen Netzschnittstelle ermittelt. Die Funktion gibt 0 zurück, falls dies möglich war und -1 falls nicht. Somit lässt sich feststellen, ob die Netzwerkkarte, die überwacht werden soll, überhaupt aktiviert ist. Für die Funktion werden folgende Parameter übergeben:

Parameter	Erklärung
device	Die Schnittstelle, von der die Netzadresse und die Netzmaske ermittelt werden soll
&net	Adresse der ermittelten Netzadresse
&mask	Adresse der ermittelten Netzmaske
errbuf	In diese Variable werden die Fehlerursachen geschrieben. Diese Variable ist nur dann von Bedeutung, wenn die Funktion fehlschlägt.

Tabelle 7.2: Parameter der Funktion `pcap_lookupnet()`

```
ph=pcap_open_live(device, BUFSIZ,1,1000, errbuf);
if (ph == NULL)
{
    fprintf(stderr, "Couldn't open device %s: %s\n", device,
        errbuf);
    return EXIT_FAILURE;
}
```

Die Funktion `pcap_open_live()` öffnet die übergebene Netzwerkschnittstelle. Sie liefert ein Sessionhandler, wenn die Schnittstelle geöffnet werden konnte. In diesem Fall wird dieser Sessionhandler an die Variable `ph` zugewiesen. Konnte die Netzwerkschnittstelle nicht geöffnet werden, wird der Benutzer mit der entsprechenden Fehlermeldung informiert. Für die Funktion werden folgende Parameter übergeben:

Parameter	Erklärung
device	Die Schnittstelle, die geöffnet werden soll
BUFSIZ	Maximale Anzahl der mit pcap aufzuzeichnenden Bytes pro Frame. Der Wert für BUFSIZ beträgt in der Regel 256 KB, 512 KB oder auch 4096 KB. Dies ist abhängig vom System und vom Compiler.
1	Promiscuous Modus aktivieren
1000	Timeout in Millisekunden
errbuf	In diese Variable werden die Fehlerursachen geschrieben. Diese Variable ist nur dann von Bedeutung, wenn die Funktion fehlschlägt.

Tabelle 7.3: Parameter der Funktion pcap_open_live()

```
if (pcap_compile(ph, &fp, filter_exp, 0, net) == -1)
    {
    fprintf(stderr, "Couldn't parse filter %s: %s\n",
        filter_exp, pcap_geterr(ph));
    return EXIT_FAILURE;
    }
```

Die Funktion pcap_comile() bekommt den Filterstring filter_exp und kompiliert das Ganze zu einem Filter. Für die Funktion werden folgende Parameter übergeben:

Parameter	Erklärung
ph	Sessionhandler, der von pcap_open_live() zurückgegeben wird
&fp	Die Adresse, in die der kompilierte Filterausdruck geschrieben werden soll
filter_exp	Filterausdruck, der zu kompilieren ist
0	Filterausdruck nicht optimieren
net	Netzmaske der ausgewählten Schnittstelle

Tabelle 7.4: Parameter der Funkton pcap_compile()
pcap_compile() liefert -1, wenn ein Fehler während der Kompilierung auftritt. In diesem Fall wird mit der Funktion pcap_geterr() die Fehlerursache aus-

gegeben. Anschließend wird das `main`-Programm mit dem Rückgabewert `EXIT_FAILURE` verlassen. Auch hier wieder enthält `EXIT_FAILURE` den Fehlercode.

```
if (pcap_setfilter(ph, &fp) == -1)
    {
        fprintf(stderr, "Couldn't install filter %s: %s\n",
          filter_exp, pcap_geterr(ph));
        return EXIT_FAILURE;
    }
```

Die Funktion `pcap_setfilter()` lädt den kompilierten Filterausdruck `&fp` in das Packet Capture Device. Nun werden nur noch Frames weitergegeben, wenn diese dem Filter entsprechen. Folgende Parameter werden übergeben:

Parameter	Erklärung
ph	Sessionhandler, der von `pcap_open_live()` zurückgegeben wird.
&fp	Die Adresse des kompilierten Filterausdrucks

Tabelle 7.5: Parameter der Funktion `pcap_setfilter()`

Diese Funktion liefert -1, wenn ein Fehler auftritt. In diesem Fall erfolgt die gleiche Vorgehensweise wie bei der Funktion `pcap_compile()`.

```
pcap_loop(ph, num_packets, got_packet, NULL);
```

Die Funktion `pcap_loop()` ruft jedes Mal, wenn sie ein neues Frame aufzeichnet, die Funktion `got_packet()` auf. In dieser Funktion erfolgt die Überprüfung, ob das aufgezeichnete Segment Nutzdaten enthält oder nicht. Die übergebenen Parameter sind:

Parameter	Erklärung
ph	Sessionhandler, der von `pcap_open_live()` zurückgegeben wurde
num_packets (-1)	Anzahl der zu aufzuzeichnenden Frames, bevor die Funktion zurückkehrt. Der Wert -1 bedeutet, dass solange auf Frames überwacht werden soll, bis ein Fehler auftritt.
got_packet	Die aufzurufende Funktion

`NULL (user)`	Dieser Parameter wird nicht benutzt.

Tabelle 7.6: Parameter der Funktion `pcap_loop()`

`pcap_freecode(&fp);`

Die Funktion `pcap_freecode()` gibt den zugeteilten Speicherplatz wieder frei. Als Parameter erwartet sie einen Zeiger auf den kompilierten Filterausdruck.

`pcap_close(ph);`

Diese Funktion schließt die geöffnete Netzwerkschnittstelle, die durch `pcap_open_live()` geöffnet wurde. Als Parameter erwartet sie einen Zeiger auf den Sessionhandler, der von `pcap_open_live()` zurückgegeben wurde.

`return(0);`

Anschließend wird die `main`-Funktion mit dem Rückgabewert 0 (Erfolg) verlassen.

Erläuterung der `got_packet()`-Funktion

Es werden dieser Funktion drei Parameter übergeben, ein Zeiger `*args` vom Typ `u_char`, ein Zeiger `*header` vom Typ `pcap_pkthdr` und ein Zeiger `*packet` vom Typ `u_char`. Diese Parameterliste ist obligatorisch und muss so übergeben werden. Die Bezeichnungen der Variablen sind jedoch frei wählbar.

Der erste Parameter `*args` übernimmt den letzten Parameter von der Funktion `pcap_loop()`. Da dieser Parameter nicht benutzt wurde, spielt es auch hier keine Rolle. Der zweite Parameter `*header` enthält die genaue Zeit, wann ein Frame aufgezeichnet wurde. Der dritte und letzte Parameter `*packet` enthält den Zeiger auf das gesamte aufgezeichnete Frame.

```
const struct iphdr *ip;
const struct tcphdr *tcp;
```

Die Zeiger `*ip` bzw. `*tcp` vom Typ `iphdr` bzw. `tcphdr` sind von C zur Verfügung gestellte Datenstrukturen, die alle Header-Felder eines IP-Pakets bzw. TCP-Segments enthalten. Nach jeder Aufzeichnung werden die benötigten Header-Felder des IP-Pakets bzw. TCP-Segments in diese Datenstrukturen geschrieben. Folglich erfolgt mit den beiden Zeigern *ip und *tcp der Zugriff auf diese aufgezeichneten Header-Felder.

```
ip = (struct iphdr*)(packet + SIZE_ETHERNET);
```

Die Konstante SIZE_ETHERNET enthält die Größe eines Ethernet-Frame-Headers (14 Byte). Durch die Addition dieser Konstante mit dem Zeiger *packet, der auf die Anfangsadresse des gesamten aufgezeichneten Frames zeigt, lässt sich die Anfangsadresse des eingebetteten IP-Pakets ermitteln. Diese Adresse wird durch den Zeiger ip repräsentiert, mit dessen Hilfe auf die einzelnen IP-Header-Felder zugegriffen wird.

```
size_ip = ip->ihl*4;
tcp = (struct tcphdr*)(packet + SIZE_ETHERNET + size_ip);
```

Im Gegensatz zu Ethernet-Frames ist die Größe eines IP-Paket-Headers variabel. D.h. es muss zuerst die Größe des aufgezeichneten IP-Paket-Headers ermittelt werden, damit die Anfangsadresse vom TCP-Segment berechnet werden kann. Sie wird durch das Feld ihl (Internet Header Lentgh) ermittelt. In diesem Feld wird die Header-Länge in 4 Byte-Blöcken angegeben. Folglich muss der Wert des ihl-Feldes mit 4 multipliziert werden. Das daraus resultierende Ergebnis wird der Variable size_ip zugewiesen. Wird folglich auf packet + SIZE_ETHERNET noch der Wert der Variable size_ip addiert, so lässt sich die Anfangsadresse des TCP-Segments ermitteln.

```
size_tcp = tcp->doff*4;
```

Die Größe eines TCP-Segment-Headers ist ebenfalls variabel. Seine Größe lässt sich durch das Feld doff berechnen. Auch in diesem Feld wird die Header-Länge in 4 Byte-Blöcken angegeben. Das Ergebnis wird der Variable size_tcp zugewiesen.

```
size_payload = ntohs(ip->tot_len) - (size_ip + size_tcp);
```

Es werden die Headergrößen vom IP-Paket und TCP-Segment miteinander addiert. Der daraus resultierende Wert wird von der totalen Größe des IP-Pakets abstrahiert. Das Ergebnis wird der Variable size_payload zugewiesen. Die Funktion ntohs wird benutzt, um das Feld tot_len des IP-Pakets von Netwerk-Ordnung auf Rechner-Ordnung zu konvertieren.

```
if (size_payload == 0)
    {
```

Wenn `size_payload` gleich 0 ist, bedeutet dies, dass das aufgezeichnete Segment keine Nutzdaten enthält. Anders formuliert, das aufgezeichnete Segment dient zur zuverlässigen Kommunikationssteuerung zwischen Endstationen. Das so aufgezeichnete Segment ist somit entweder ein SYN- oder SYN/ACK- oder ein ACK-Segment.

```
tm_norm = localtime(&(header->ts.tv_sec));
```

Mit der Funktion `localtime` kann anhand der Variablen `&(header->ts.tv_sec)` eine Struktur namens tm gefüllt werden. Diese Struktur enthält Elemente für die Bestandteile des Datums und der Uhrzeit. Die Struktur `tm`, deren Zeiger die Funktion `localtime()` liefert, enthält somit notwendigen Daten, wie die Uhrzeit, das Tagesdatum oder den Wochentag. Diese werden in der Variable `tm_norm` abgelegt.

```
strftime(timestamp,20,"%Y-%m-%d %H:%M:%S",tm_norm);
```

Die Funktion `strftime` formatiert die in der Variable `tm_norm` gespeicherte Unix-Zeit, umgerechnet in die lokale Zeitzone, in dem Format *„Jahr-Monat-Tag Stunde-Minute-Sekunde"*. Anschließend wird diese umgewandelte Unixzeit in der Variable `timestamp` gespeichert.

```
sprintf (timestamp, "%s.%06d",timestamp,header->ts.tv_usec);
```

Danach erfolgt mit der `sprintf` - Funktion eine weitere Formatierung. Es wird dem Zeitstempel `timestamp` noch die Millisekunden angehängt.

```
strcpy(source_ip,(char*)inet_ntoa(ip->saddr));
strcpy(dest_ip,(char*)inet_ntoa(ip->daddr));
```

Die Funktion `inet_ntoa` wandelt die interne Darstellung der Quell- und Ziel-IP-Adresse (`ip->saddr` bzw. `ip->daddr`) in eine ASCII-Zeichenkette um. Das Ergebnis wird nach `char*` explizit gecastet und dann mit der Funktion `strcpy` in die entsprechenden Variablen `source_ip` bzw. `dest_ip` kopiert.

```
sprintf (insert,"INSERT INTO tbl_segments (pc_time,src_ip,
    dst_ip,src_port,dst_port,seq_no,ack_no,fsyn,fack,probe_desc)
    VALUES('%s','%s','%s','%d','%d','%lu','%lu','%d','%d','%s')",
    timestamp,source_ip,dest_ip,ntohs(tcp->source),
    ntohs(tcp->dest),ntohl(tcp->seq),ntohl(tcp->ack_seq),
    tcp->syn,tcp->ack,probe_desc);
```

Anschließend wird die „INSERT INTO"-Anweisung mit der sprintf-Funktion formatiert, die in die Datenbank zu senden ist. Diese Anweisung wird in der Zeichenkette insert abgelegt. Die zu sendenden Informationen wurden bereits im Kapitel 3.2.1 in der Tabelle 3.1 erläutert.

```
#if (VERBOSE)
{

    printf("Time: %s\n",timestamp);
    printf("From: \t%s\t",  inet_ntoa(ip->saddr));
    printf("To: \t%s\n", inet_ntoa(ip->daddr));
    printf("Src port: \t%d\n", ntohs(tcp->source));
    printf("Dst port: \t%d\n", ntohs(tcp->dest));
    printf("Seq-Nr: \t%lu\n",ntohl(tcp->seq));
    printf("Ack-Nr: \t%lu\n",ntohl(tcp->ack_seq));

    if (tcp->syn)
        strcpy(flags, "SYN");
    if (tcp->syn && tcp->ack)
        strcpy(flags, "SYN ACK");
    if (tcp->ack && !tcp->syn)
        strcpy(flags, "ACK");

    printf("Flags: \t%s\t\t\t!!Only SYN and ACK Flags are
        indicated!!\n",flags);
}
#endif
```

Ist die Konstante VERBOSE auf 1 (TRUE) gesetzt, werden die oben angegebenen printf-Anweisungen für jedes aufgezeichnete Frame ausgegeben. Die Ausgaben dienen ausschließlich dazu, dass der Benutzer den Ablauf des Programms verfolgen kann.

```
res = PQexec(conn, insert);
```

Mit der Funktion PQexec lässt sich eine SQL-Anweisung an eine Datenbank senden. Sie erwartet 2 Parameter, eine SQL-Anweisung, die auszuführen ist, in diesem Fall die „INSERT INTO"-Anweisung (gespeichert in der Variable insert), und die Verbindung (conn), mit der diese Anweisung ausgeführt wird.

Beim Erfolg liefert die Funktion einen Zeiger auf die Datenstruktur PGresult zurück. In der Struktur PGresult findet man das vom Server geschickte Ergebnis, welches mit der Funktion PQresultStatus() ermittelt werden kann. Als Parameter erwartet sie den Zeiger, der auf die Datenstruktur PGresult zeigt, in diesem Fall res.

```
if (PQresultStatus(res) != PGRES_COMMAND_OK)
```

```
{
    #if (VERBOSE)
        fprintf(stderr, "INSERT failed: %s",
        PQerrorMessage(conn));
    #endif

    PQclear(res);
    return;
}
```

PQclear(res);

Um mehr Informationen zum Auftreten eines Fehlers zu erhalten, wird die Funktion PQerrorMessage() verwendet. Als Parameter erwartet sie die hergestellte Verbindung conn. Die von dieser Funktion zurückgelieferte Fehlermeldung wird durch die Funktion fprintf ausgegeben. Die Anweisung wird, wie es schon bereits erwähnt wurde, nur dann ausgegeben, wenn die Konstante VERBOSE auf 1 gesetzt ist. Wenn das Ergebnis einer Anfrage ausgewertet wurde, wird mit der Funktion PQclear das PGresult-Objekt wieder freigegeben. Anschließend wird die Funktion got_packet() mit return verlassen. Wurde die „INSERT INTO"-Anweisung erfolgreich ausgeführt, wird das PGresult-Objekt ebenfalls freigegeben.

Graphische Syntaxbeschreibung eines Eintrags in die Konfigurationsdatei

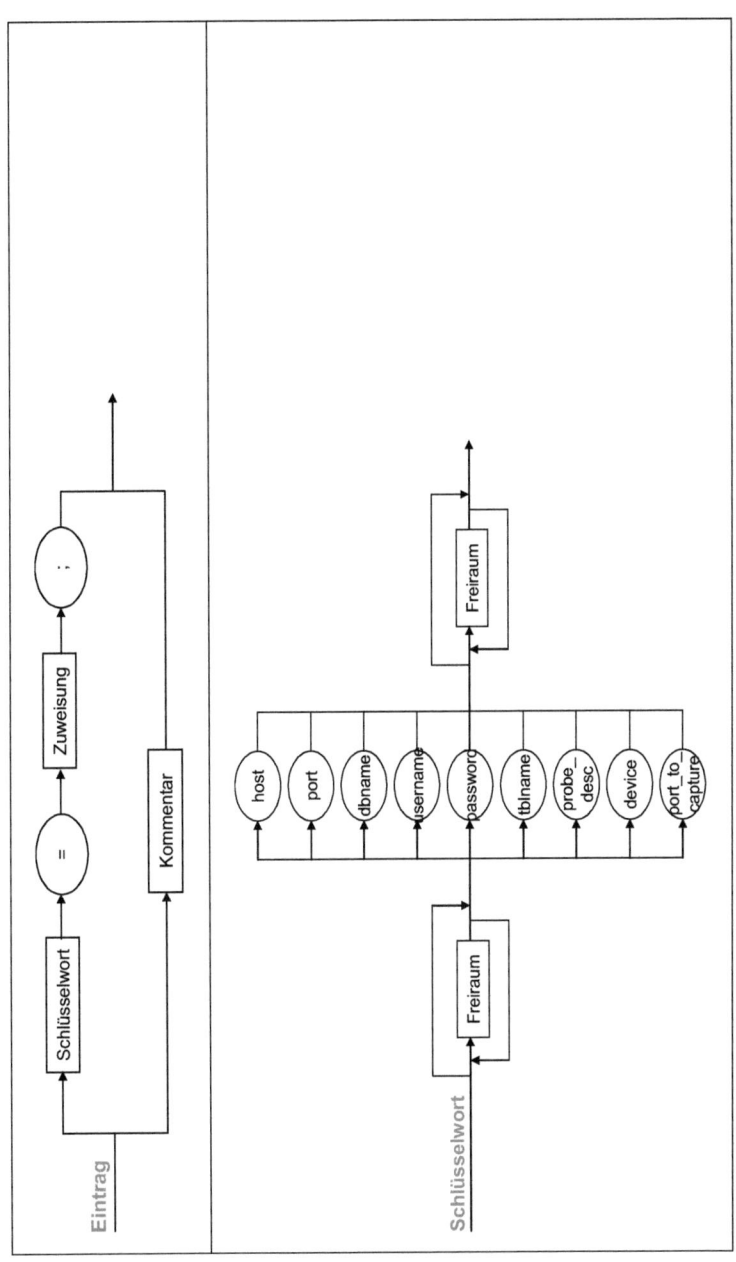

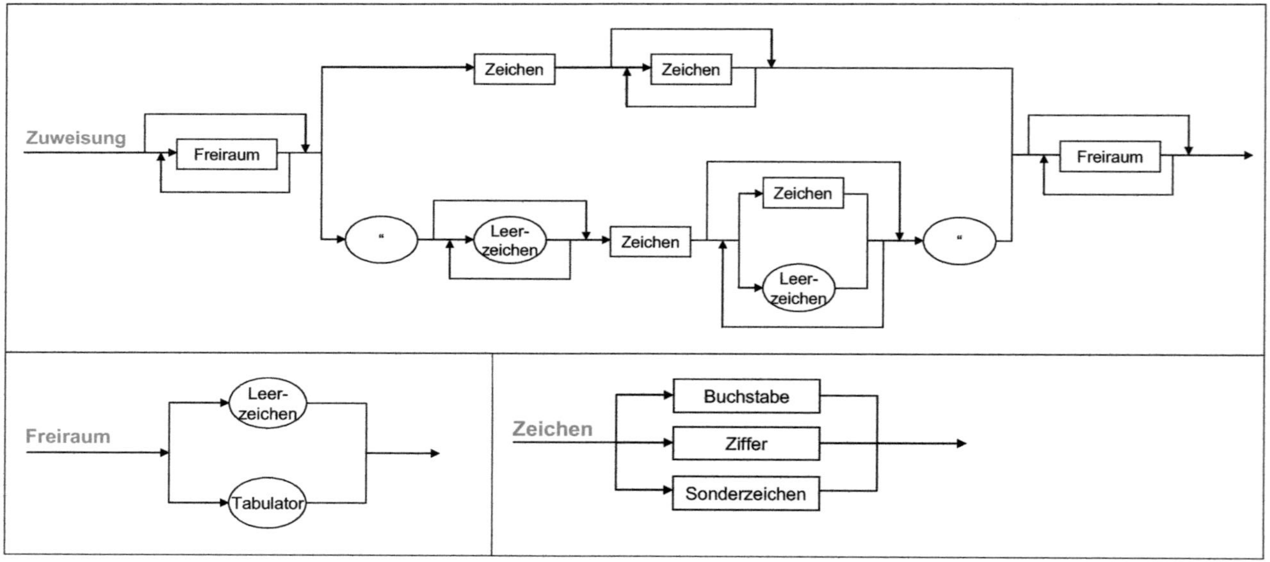
Zuweisung
Freiraum
Zeichen
Zeichen
“
Leer-
zeichen
Zeichen
Zeichen
Leer-
zeichen
“
Freiraum
Freiraum
Leer-
zeichen
Tabulator
Zeichen
Buchstabe
Ziffer
Sonderzeichen

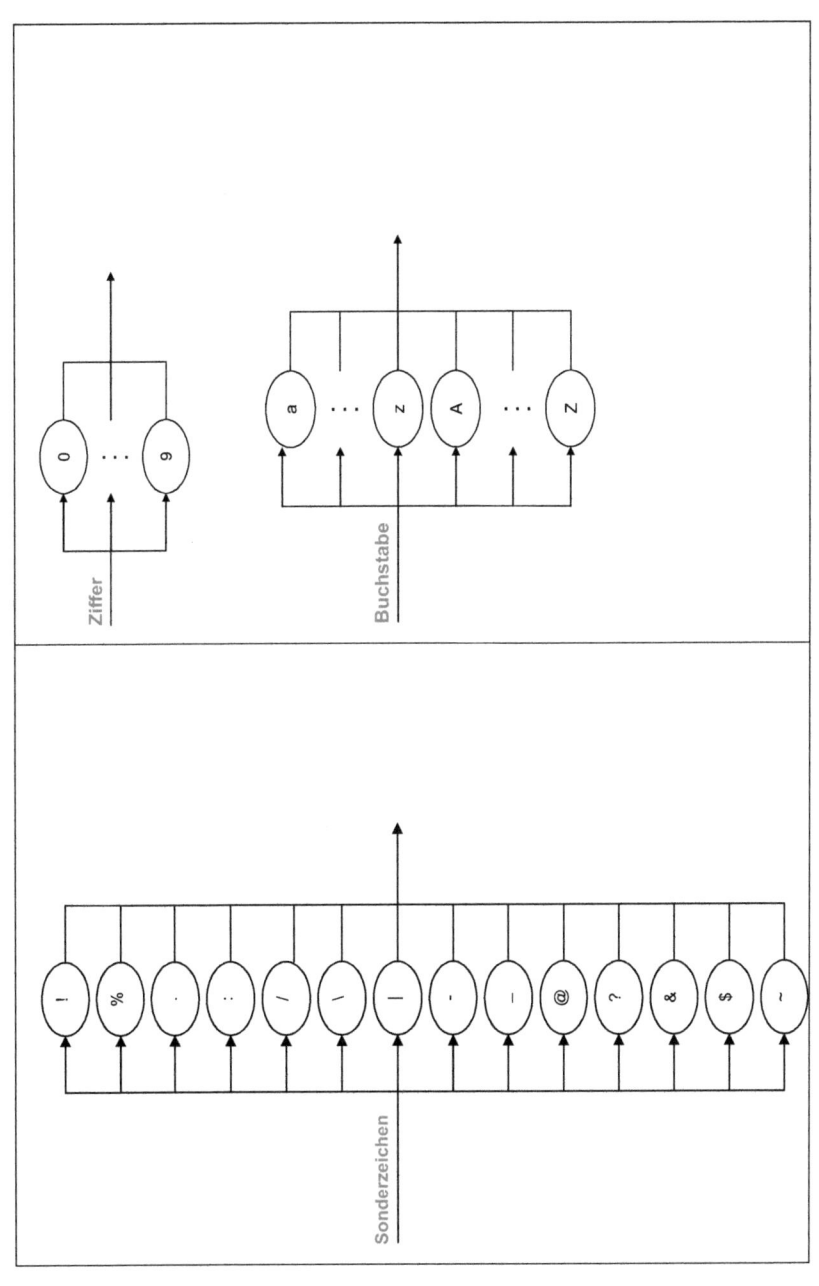

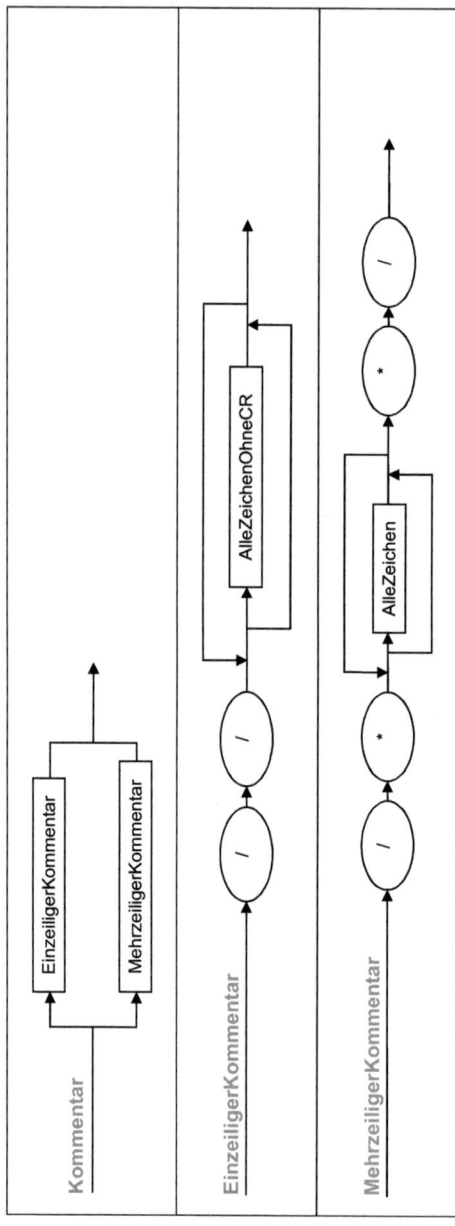

II getConnections()-Prozedur

Die Aufgabe dieser Prozedur ist für jedes SYN-Segment das passende SYN/ACK- und ACK-Segment zu finden. Somit entsteht für jedes der drei zugeordneten Segmente eine Verbindung, die in die Tabelle `sa_input` im NDW geschrieben wird.

```
DECLARE
    MAX_SEQ_NO CONSTANT BIGINT := 4294967296;

    packet1 RECORD;
    packet2 RECORD;
    packet3 RECORD;

    new_ack_no BIGINT;

    sql VARCHAR;
```

Das Schlüsselwort DECLARE leitet den Block ein, in dem alle notwendigen Variablen deklariert bzw. mit einem Anfangswert initialisiert werden.

Die Variable MAX_SEQ_NO vom Typ BIGINT enthält die maximale Sequenznummer eines SYN- bzw. SYN/ACK bzw. ACK-Segments. Da dieses Feld in TCP 32 Bit groß ist, lautet die maximale Nummer 4294967296 und wird als Konstante definiert.

Zu den Variablen packet1, packet2 und packet3 vom Typ RECORD werden Zeilen der zueinander passenden SYN-, SYN/ACK und ACK-Segmenten zugewiesen.

Die Variable new_ack_no vom Typ BIGINT ist die nächste erwartete ACK-Nummer des SYN/ACK- und ACK-Segments.

```
BEGIN
```

In dem nächsten Block, der durch die Schlüsselwörter BEGIN und END bestimmt ist, erfolgt die eigentliche Aufgabe der Funktion, nämlich die Zuordnung von SYN-, SYN/ACK- und ACK-Segmenten.

```
PERFORM dblink_connect('conn1','hostaddr=127.0.0.1 port=2345
    dbname=ndw user=probe password=probe');
```

Die Funktion dblink_connect() baut eine Verbindung zum NDW auf. Sie erwartet zwei Parameter. Mit dem ersten Parameter ist der Name der aufzubauenden Verbindung anzugeben, durch den diese Verbindung innerhalb der aktuellen Datenbank repräsentiert wird (conn1). Der zweite Parameter enthält die Zugangsdaten, die notwendig sind, um eine Verbindung zum NDW aufzubauen. Der Aufruf der Funktion dblink_connect() erfolgt mit dem Befehl PERFORM. Dieser Befehl ermöglicht den Aufruf dieser Funktion ohne seinen Rückgabewert zu benutzen.

```
FOR packet1 IN
    SELECT * FROM tbl_segments
    WHERE fsyn = TRUE AND fack = FALSE
    LOOP
```

Für jedes gefundene SYN-Segment (fsyn = TRUE AND fack = FALSE) in der Tabelle tbl_segments wird in der FOR-Schleife das passende SYN/ACK- und ACK- Segment gesucht. Das aktuelle SYN-Segment in der FOR-Schleife wird mit allen seinen Feldern zur Variable packet1 zugewiesen.

```
new_ack_no := (packet1.seq_no + 1) % MAX_SEQ_NO;
```

Die Sequenznummer des aktuellen SYN-Segments (packet1.seq_no) wird um Eins inkrementiert. Dieser Wert entspricht der Bestätigungsnummer des erwarteten SYN/ACK-Segments. Bei der Ermittlung der erwarteten Bestätigungsnummer des SYN/ACK-Segments wurde auch der Überlauf der Sequenznummer des SYN-Segments berücksichtigt.

```
SELECT INTO packet2 * FROM tbl_segments
    WHERE src_ip   = packet1.dst_ip
    AND src_port = packet1.dst_port
    AND dst_ip   = packet1.src_ip
    AND dst_port = packet1.src_port
    AND ack_no   = new_ack_no
    AND probe_desc = packet1.probe_desc
    AND fsyn = TRUE AND fack = TRUE;
```

Mit dieser Abfrage wird das passende SYN/ACK-Segment zum aktuellen SYN-Segment gesucht. Die Bedingungen in der WHERE-Klausel werden hier nicht beschrieben, da sie bereits im Kapitel 3.3.1 erläutert wurden.

```
IF (NOT FOUND) THEN
    RAISE DEBUG 'Kein passendes SYN/ACK-Segment gefunden!';
    CONTINUE;
END IF;
```

Unmittelbar nach einem SELECT INTO-Befehl kann man NOT FOUND verwenden, um zu ermitteln, ob die Anfrage mindestens eine Zeile ergab. Ist dies nicht der Fall, bedeutet dies, dass das passende SYN/ACK-Segment nicht gefunden wurde bzw. nicht existiert. Folglich wird die FOR-Schleife frühzeitig (CONTINUE) wiederholt und sie macht ggf. mit dem nächsten gefundenen SYN-Segment weiter.

Ist das passende SYN/ACK-Segment zum aktuellen SYN-Segment gefunden worden, geht es mit der Suche nach dem passenden ACK-Segment zu diesem gefundenen SYN/ACK-Segment weiter. Die Vorgehensweise ist ähnlich wie bei der Suche nach passendem SYN/ACK-Segment.

```
new_ack_no := (packet2.seq_no + 1) % MAX_SEQ_NO;
```

Die Sequenznummer des aktuellen SYN /ACK-Segments (packet2.seq_no) wird um Eins inkrementiert. Dieser Wert entspricht der Sequenznummer des erwarteten ACK-Segments.

```
SELECT INTO packet3 * FROM tbl_segments
   WHERE src_ip   = packet2.dst_ip
   AND src_port = packet2.dst_port
   AND dst_ip   = packet2.src_ip
   AND dst_port = packet2.src_port
   AND seq_no   = packet2.ack_no
   AND ack_no   = new_ack_no
   AND probe_desc = packet2.probe_desc
   AND fsyn = FALSE AND fack = TRUE;
```

Diese Abfrage sucht zum gefundenen SYN/ACK-Segment das passende ACK-Segment aus. Auch hier werden die Bedingungen in der WHERE-Klausel nicht beschrieben, da sie bereits im Kapitel 3.3.1 erläutert wurden.

```
IF (NOT FOUND) THEN
   RAISE DEBUG 'Kein passendes ACK-Segment gefunden!';
   CONTINUE;
END IF;
```

Es wird überprüft, ob das passende ACK-Segment gefunden wurde. Falls dies nicht der Fall ist, wird die FOR-Schleife frühzeitig (CONTINUE) wiederholt, um ggf. mit dem nächsten gefundenen SYN-Segment weiterzumachen.

```
sql = 'INSERT INTO sa_input (isn_src,isn_dst,addr_src,addr_dst,
   port_src,port_dst,probe,t_s,t_sa,t_a) VALUES (' ||
   quote_literal(packet1.seq_no) || ',' ||
   quote_literal(packet2.seq_no) || ',' ||
   quote_literal(packet1.src_ip::text) || ',' ||
   quote_literal(packet1.dst_ip::text) || ',' ||
```

```
quote_literal(packet1.src_port) || ',' ||
quote_literal(packet1.dst_port) || ',' ||
quote_literal(packet1.probe_desc) || ',' ||
quote_literal(packet1.pc_time) || ',' ||
quote_literal(packet2.pc_time) || ',' ||
quote_literal(packet3.pc_time) || ');';

PERFORM dblink_exec('conn1',sql);
```

Nachdem zu jedem SYN-Segment die passenden SYN/ACK- und ACK-Segmente zugeordnet wurden, werden diese drei Segmente in einen einzigen Verbindungsdatensatz überführt und anschließend mit der Funktion dblink_exec() durch die „INSERT INTO"-Anweisung in das NDW in die Tabelle sa_input eingefügt. Die Funktion quote_literal() innerhalb der „INSERT INTO"-Anweisung dient dazu, die zu transportierenden Daten in Apostrophe einzuschließen. Diese einzelnen zu transportierenden Daten wurden bereits im Kapitel 3.3.1 beschrieben.

```
DELETE FROM tbl_segments WHERE id = packet1.id;
DELETE FROM tbl_segments WHERE id = packet2.id;
DELETE FROM tbl_segments WHERE id = packet3.id;
```

Nachdem der erkannte Verbindungsdatensatz zum NDW transportiert wurde, werden die drei Three-Way-Handshake-Segmente aus der Tabelle tbl_segments entfernt.

```
END LOOP;
```

Abschließend wird die FOR-Schleife mit END LOOP abgeschlossen.

```
DELETE FROM tbl_segments
    WHERE (pc_time < localtimestamp - interval '2 minutes');
```

Die Funktion localtimestamp wird von PostgreSQL zur Verfügung gestellt und liefert den aktuellen Zeitstempel. Es werden alle Segmente aus der Tabelle tbl_segments gelöscht, die zu keiner Verbindung gehören. Das sind alle Segmente, deren Zeitstempel 2 Minuten älter sind als der aktuelle Zeitstempel.

```
PERFORM dblink_disconnect('conn1');
```

Anschließend wird die hergestellte Verbindung conn1 zum NDW abgebaut.

III trigger_check_segments-Trigger

Ein Datenbanktrigger ermöglicht es, beim Auftreten eines bestimmten Er-
eignisses (Ereignis: INSERT/DELETE/UPDATE) eine Funktion aufzurufen. Um
einen Trigger zu definieren, wird der Befehl CREATE TRIGGER verwendet.

```
CREATE TRIGGER trigger_check_segments
AFTER INSERT
ON tbl_segments
FOR EACH ROW
EXECUTE PROCEDURE check_count_segments();
```

Die Anweisung AFTER INSERT bewirkt, dass der Trigger nach jeder
Einfügeoperation ausgeführt wird. Die Anweisung ON verbindet den Trigger mit
der Tabelle tbl_segments. Die Anweisung FOR EACH ROW gibt an, dass die
angegebene Triggerfunktion pro Datensatz aufgerufen wird. Die aufzurufende
Triggerfunktion check_count_segments() wird anschließend mit dem
EXECUTE PROCEDURE-Befehl festgelegt. D.h. jedes Mal, wenn in die Tabelle
tbl_segments ein Datensatz eingefügt wird, ruft der Trigger die
Triggerfunktion check_count_segments auf.

IV check_count_segments()-Funktion

Die Funktion check_count_segments() überprüft, ob die Anzahl der
eingefügten Datensätzen in die Tabelle tbl_segments gleich oder größer als
500 beträgt. Ist dies der Fall, so ruft sie die getConnections()-Prozedur auf.

```
DECLARE current NUMERIC(4);
```

Mit dem Schlüsselwort DECLARE wird die Variable current vom Typ
numeric deklariert. Diese Variable wird benutzt, um die Anzahl der
Einfügeoperationen hochzuzählen.

```
BEGIN
SELECT into current NEXTVAL('count_segments');
```

Die Pseudospalte NEXTVAL gibt die nächste verfügbare Sequenznummer von
der Sequenz count_segments zurück. Die Sequenz count_segments wird
immer um Eins inkrementiert und hat die maximale Sequenznummer 500. Beim
Erreichen dieser maximalen Sequenznummer wird sie wieder mit dem Startwert
1 fortgesetzt. Diese durch NEXTVAL ermittelte nächste verfügbare
Sequenznummer wird mit dem Befehl SELECT INTO der Variable current
zugewiesen.

```
IF current >= 500 THEN
PERFORM getconnections();
END IF;
```

Anschließend wird überprüft, ob der Wert der Variable `current` größer gleich 500 ist. Wenn dies der Fall ist, wird die Prozedur `getconnections()` aufgerufen.

```
RETURN NEW;
```

Eine Triggerfunktion muss im Gegensatz zu anderen Funktionen einen Zeilentypwert zurückgeben, der genau die Struktur der Tabelle hat, die den Trigger ausgelöst hat. In diesem Fall wird die Systemvariable `NEW` zurückgegeben. Sie gibt den neu eingefügten Datensatz unverändert zurück, die zum Hochzählen der Variable `current` benötigt wurde.

```
END;
```

Mit dem Schlüsselwort `END` wird anschließend der eingeleitete `BEGIN`-Block abgeschlossen.

V Realisierung einer möglichen Testumgebung

Bemerkung: Die folgenden Konfigurationen wurden unter Ubuntu 8.05 ausgeführt.

Die verfügbaren Netze:

Netz 1: 10.0.0.0 / 255.255.255.0 (Produktionsnetz)
Netz 2: 192.168.0.0 / 255.255.255.0 (Managementnetz)

Client-Konfiguration:

Zuweisung der IP-Adresse und der Netzmaske:
```
# ifconfig eth0 10.0.0.2 netmask 255.255.255.0 up
```

Generieren von TCP Segmenten mit D-ITG:
```
> ITGSend -a 10.0.0.1  -C 8657  -c 1448  -T TCP -t 1000
    -l log.txt
```

Simulation der Anfragen an den Webserver durch Apache Benchmark Software:
```
> ab -n 1 10.0.0.1/ bzw.
> ab -n 100 -c 10 10.0.0.1/
```
DLINK Switch 1 und DLINK Switch 2:

Die beiden Switches wurden so konfiguriert, dass sie den auf Port 3 ein- und ausgehenden Verkehr auf Port 24 spiegeln. An den Port 24 der beiden Switches wurden jeweils die Sonde Alpha bzw. die Sonde Beta angeschlossen. Die Konfiguration der beiden Switches wurde über ihre graphische Oberfläche vorgenommen.

Management-Adressen der beiden Switches:
Switch 1: 10.90.90.11
Switch 2: 10.90.90.12

Webserver-Konfiguration:

Zuweisung der IP-Adresse und Netzmaske:
```
# ifconfig eth0 10.0.0.1 netmask 255.255.255.0 up
```

Installation des Webservers:
```
# apt-get install apache2
```

Starten des Webservers:
```
# /etc/init.d/apache2 start
```

Sonde Alpha - Konfiguration:

Aktivieren der capture-Schnittstelle:
```
# ifconfig eth1 up
```

Zuweisung der IP-Adresse und der der Netzmaske:
```
# ifconfig eth2 192.168.0.2 netmask 255.255.255.0 up
```

Starten des capture-Programms (Es überwacht die Schnittstelle eth1):
```
# ./capture rtt.conf
```

Sonde Beta – Konfiguration:

Aktivieren der capture-Schnittstelle:
```
# ifconfig eth1 up
```

Zuweisung der IP-Adresse und der Netzmaske:
```
# ifconfig eth2 192.168.0.3 netmask 255.255.255.0 up
```

Starten des capture-Programms (Es überwacht die Schnittstelle eth1):
```
# ./capture rtt.conf
```
NDW – Konfiguration:

Zuweisung der IP-Adresse und der Netzmaske
```
# ifconfig eth0 192.168.0.1 netmask 255.255.255.0 up
```

VI PostgreSQL-Datenbank „SondenDB" konfigurieren

Installation der PostgreSQL-Datenbank:
```
# apt-get install postgresql-server
```

<u>Konfiguration der Zugriffsberechtigungen:</u>
PostgreSQL enthält die Konfigurationsdatei `pg_hba.conf`, die für die Zugriffs-beschränkungen zuständig ist. Jede Zeile in dieser Datei ist eine Regel. Eine Regel besteht aus mehreren Teilen, die durch Leerzeichen getrennt sind. Der erste Teil gibt dabei den Regeltyp an. Der wichtigste Regeltyp `host` gilt für Netzwerkadressen. Er hat das folgende Format:

```
host Datenbankname Username IP-Adresse Netzmaske
Authentifizierung
```

In dieser Datei sind für die nötigen Zugriffe von den Messsonden Alpha und Beta folgender Eintrag hinzuzufügen:

```
host sondendb capture 127.0.0.1 255.255.255.0 md5
```

Wird der Benutzername `capture` weggelassen, so sind alle Benutzer aus dem lokalen Rechner zugelassen.

VII SSH-Forwarding und Authentifizieren mittels Public Key

Ein SSH-Tunnel zwischen einer SondenDB und dem NDW lässt sich wie folgt einrichten:

```
$ ssh -L 4321:192.168.0.1:5432 probe
```

Die lokale SSH-Anwendung überwacht den Port 4321 und transportiert die dort ankommenden Daten zum Rechner 192.168.0.1 an den Port 5432. Dabei erfolgt die Authentifizierug des SSH-Clients gegenüber dem SSH-Dämon mit dem Benutzernamen `probe` und dem entsprechendem privaten Schlüssel, der zum öffentlichen Schlüssel des SSH-Dämons passt.

Mit dem Kommando `ssh-keygen` lassen sich solche Schlüsselpaare generieren:

```
$ ssh-keygen -t rsa -b 2048 -f id_rsa -N ''
```

Die Option -t gibt den Verschlüsselungsalgorithmus RSA an. Mit der Option -b lässt sich die Bitlänge des Verschlüsselungsalgorithmus einstellen. Um den Namen der zu erstellenden Schlüssel benutzerdefiniert anzugeben, steht die Option -f zur Verfügung. Um den zu erstellenden privaten Schlüssel mit einer Passphrase zu schützen, benutzt man die Option -N. In diesem Fall ist keine Passphrase festgelegt.

Das Kommando erzeugt die zwei Schlüssel id_rsa und id_rsa.pub. Der private Schlüssel id_rsa wird auf dem Client in das Verzeichnis kopiert, das in der Konfigurationsdatei /etc/ssh/ssh_config per Schlüsselwort IdentityFile angegeben ist (Default-Konfiguration: IdentityFile ~/.ssh/id_rsa)

Der öffentliche Schlüssel id_rsa.pub wird auf den Server kopiert. Im Verzeichnis /etc/ssh/ auf dem Server wird dann eine Datei namens authorized_keys angelegt. Diese Datei ist auf dem Server in der Konfigurationsdatei /etc/ssh/sshd.conf festgelegt:

```
AuthorizedKeyFile .ssh/authorized_keys
```

Danach wird dieser Datei der Inhalt vom öffentlichen Schlüssel id_dsa_.pub angehängt. Der Befehl cat zeigt den Inhalt des öffentlichen Schlüssel an und das >>- Zeichen hängt ihn an die Datei authorized_keys an:

```
$ cat id_rsa_.pub >> authorized_keys
```

Wichtig ist, dass diese Datei nur von seinem Eigentümer geschrieben werden kann, da ansonsten der SSH-Dämon die Anfragen verweigert.

```
$ chmod 640 authorized_key
```

Die Konfigurationsdatei sshd_config vom SSH-Server muss so konfiguriert werden, dass er die Public Key Authentifizierung akzeptiert:

```
PubkeyAuthentication yes
```

VIII Anleitung zur Installation des realisierten Systems

1. Ubuntu Server Edition 8.04 installieren

2. Auf SondenDB folgende Einstellungen vornehmen:

   a. Installation der PostgreSQL-DB
   ```
   # apt-get install postgresql
   # apt-get install postgresql-contrib (Für dblinks notwendig)
   ```

   b. Einrichten der Datenbank

   Dump-file ausführen (Enthält die komplette Datenbankkonfiguration!)

   ```
   > su
   password: netlab
   # su postgres
   > psql -f /path/to/sondendb_dump
   ```

   c. Zugriffsberechtigungen

   Messsonde: /etc/postgresql/8.3/main/pg_hba.conf:

   ```
   host    sondendb capture 127.0.0.1/32    md5
   ```

   NDW: */etc/postgresql/8.3/main/pg_hba.conf:*

   ```
   host    ndw    probe    192.168.0.0/24 md5
   ```

3. Auf Sonden Alpha und Beta durchzuführen:

   a. Installation der Bibliotheken
   ```
   # apt-get install libpq5
   # apt-get install libpq-dev (Nur zum kompilieren notwendig)
   ```

   b. Konfiguration der Konfigurationsdatei

   rtt.conf konfigurieren
   (Es existiert bereits eine Vorlage zur Konfigurationsdatei im capture-Verzeichnis)

   c. Starten der Messsonde (capture)

   Zu überwachende Schnittstelle aktivieren:
   ```
   # ifconfig eth1 up
   ```

Das `capture`-Programm starten:

```
# /path/to/capture rtt.conf
```

4. Konfiguration des SSH-Tunnels:

a) Port - Forwarding:

```
ssh -L 2345:127.0.0.1:5432 probe@192.168.0.1 -p 22
```

b) Authentifizierung mittels Public Key Verfahren

Auf der Clientseite (Sonde) ein Schlüsselpaar erzeugen:

```
> ssh-keygen -t rsa -b 2048 -f id_rsa -N ''
```

In der Konfigurationsdatei /etc/ssh/ssh_config:

```
IdentityFile ~/.ssh/id_rsa
```

Auf Serverseite (NDW) in */etc/ssh/sshd.conf:*

```
AuthorizedKeyFile .ssh/authorized_keys
PubkeyAuthentication yes
```

```
> cat id_rsa.pub>/home/netlab/.ssh/authorized_keys
> chmod 640 authorized_key
# /etc/init.d/sshd restart
```